데일리 필로소피 Q&A

일러두기

1. 본문의 모든 인용문은 영문판 내용을 한국어로 옮긴 것입니다.
2. 본문에서 언급하는 단행본이 국내에서 출간된 경우 국역본 제목으로 표기했고, 출간되지 않은 경우 최대한 원서와 가깝게 번역하고 원제를 병기했습니다.
3. 책 제목은 겹낫표(『』), 시와 같은 예술 작품의 제목은 홑화살괄호(〈 〉)를 써서 묶었습니다.

THE DAILY STOIC JOURNAL

Copyright © 2017 by Ryan Holiday and Stephen Hanselman
All rights reservedincluding the right of reproduction in whole or in part in any form.
This edition published by arrangement with Portfolio, an imprint of PenguinPublishing Group, a division of Penguin Random House LLC.

이 책의 한국어판 저작권은 알렉스리 에이전시 ALA를 통해서 Portfolio, an imprint of Penguin Publishing Group, a division of Penguin Random House LLC 사와 독점계약한 다산북스에 있습니다.
저작권법에 의하여 한국 내에서 보호를 받는 저작물이므로 무단전재와 복제를 금합니다.

데일리 필로소피 Q&A

DAILY
PHILOSOPHY
Q & A

오늘의 지혜를 위한 철학 문답 365

라이언 홀리데이·스티븐 핸슬먼 지음 | 이경희 옮김

다산
초당

들어가는 말

내면을 성장시키는 삶을 위하여

　　스토아 철학자이자 로마 황제였던 마르쿠스 아우렐리우스는 게르마니아의 변방, 그라누아강 인근 전선의 막사에서 동이 틀 무렵이면 일어났다. 그토록 일찍 눈을 뜨는 일이 쉽지 않았으나 그는 자신이 해야 할 사명을 위해 어김없이 새벽녘에 일어났다. 등잔불로 어둠을 밝히고 책상에 앉은 그는 다가올 하루에 어떤 일이 기다리고 있을지를 그리스어로 일기장에 써 내려가기 시작했다.

　　"오늘 나는 남의 일에 참견하기 좋아하는 자, 배은망덕한 자, 제멋대로 행동하는 교만한 자, 남을 속이는 거짓말을 자주 하는 자, 질투심이 많고 성미가 괴팍한 자를 만나게 될 것이다." 마르쿠스는 그렇게 일기를 쓰며 고단함에 정신적으로 대비하고자 했다. 특히 군대를 이끌고 타국에서 로마제국을 다스리는 황제로서 피할 수 없는 삶의 어려움을 마주하고 극복하기 위해서였다. 이런 그의 일기는 결코 불평이 아니었다. 그의 글에서는 좌절이나 분노, 원망의 문투라고는 전혀 찾아볼 수 없었다. 마르쿠스는 자신이 평생 사랑하고 의지해 온 철학, 스토아 철학을 삶에서 기꺼이 실천하고 있었다. 그는 결코 사람들을 깎아내리거나 단정 짓거나 비방하지 않았다. 오히려 그는 깊이 생각한 끝에 일기를 이어가며 이렇게 썼다. "그들 중 누구도 내게 해악을 끼칠 수 없고 나를 부끄러운 짓으로 끌어들일 수 없다. 나도 그들에게 화를 내거나 미워할 수 없다. 우리는 모두 서로 협력하기 위해 태어났기 때문이다."

그렇게 그는 일기의 나머지를 써 내려갔다. 어떻게 생각하며 살아가야 할지, 또 무엇에 감사해야 할지를 조용히 되새기며 하루를 시작했다. 이렇듯 마르쿠스는 단지 철학자로서가 아니라 진정한 '철인 황제'로서 하루를 열어가는 삶을 계속해 나갔다.

시간을 조금 더 거슬러, 마르쿠스가 명상록을 썼던 시대로부터 거의 100년 전으로 돌아가 보면 이와 비슷한 습관을 실천하는 또 다른 스토아 철학자가 있었다. 그 철학자는 세네카였다. 세네카 또한 영향력 있는 정치인이었고 극작가였으며, 로마 황제인 네로의 곁에서 최고위직으로 봉사한 당대 최고의 지식인이기도 했다. 세네카는 그날 하루에 있었던 일을 정직하게 성찰하는 것을 더 좋아했다. 그는 막 저물어가는 하루를 되돌아보며 자신이 정의롭게 행동했는지, 무엇을 더 잘할 수 있었는지, 고칠 습관은 무엇인지, 어떻게 하면 좀 더 나아질 수 있는지를 스스로에게 물었다. 매일 자신을 돌아보는 성찰에 대해 세네카는 형에게 이렇게 전했다. "우리는 앞으로 하려는 일에 대해 숙고하지만, 결국 미래를 향한 우리의 계획은 과거에서 비롯된다오." 그에게 하루를 되돌아보는 이 습관은 다음 날을 준비하는 데 가장 강력한 도구였다.

또 다른 유명한 스토아 철학자인 에픽테토스는 노예 출신으로, 세네카나 마르쿠스처럼 안락하거나 권세를 누리는 삶을 살지는 않았다. 그럼에도 그는 제자들에게 늘 말하곤 했다. "배운 것은 반복하고 스스로를 위해 기록해 두어라." 그리고 그는 이렇게 썼다. "이런 생각들을 매일 밤낮 곁에 두어라. 글로 적고, 소리 내어 읽고, 스스로에게 말하고, 남들과도 나누어라."

매일 글을 쓰며 성찰했던 이들의 습관은 스토아 철학의 핵심을 이루는 실천이며, 2천 년 넘게 이어져 내려온 불멸의 전통이다. 그리고 지금 이 『데일리 필로소피 Q&A』를 손에 들고 있는 당신은 그 전통의 계승자가 되었다. 이 실천을 통해 올바르고 행복한 삶으로 나아갈 수 있을 것이다.

다른 많은 철학과 달리 스토아 철학은 단순히 만물을 설명하려고 생겨난 사상이 아니었다. 또한 '존재의 근원은 무엇인가'와 같은 복잡한 물음이나 이런저런 추상적인 이론 논쟁을 위한 철학이 아니었다. 그리스인이 창시하고 로마인이 완성한 스토아 철학은 혼란스러운 세상에서 하루하루 더 좋은 삶을 살기 위한 실천적 철학이었다. 따라서 스토아 철학은 단순한 교훈의 집합이나 오래전에 쓰인 문장 그 이상의 의미가 있다. 이 철학은 시대를 초월한 실용적인 삶의 기술이다. 이를테면 두려움을 줄이고, 부정적 사고를 극복하고, 당연하게 여기는 일을 소중하게 여기고, 유혹에 저항하고, 고된 순간을 견디게 하는 든든한 버팀목과 같은, 실질적이고 시대를 초월한 수련의 도구였다.

스토아 철학은 한 번 읽고 이해한 뒤 끝내는 것이 아니라 반복해서 익히고 실천해야 하는 삶의 기술이었다. 마르쿠스 아우렐리우스의 유일한 저작의 제목이 『명상록』이라는 사실을 떠올려 보라. 마르쿠스는 자기 자신을 위해, 자기 자신에게 철학적 원칙을 되새기며 노년에도 여전히 배우고 실천하고자 한 것이다.

세네카가 남긴 여러 편지도 마찬가지다. 그는 행복론과 죽음에 대한 태도, 불안과 두려움을 이기는 법과 같은 깊이 있는 사유를 편지 형식으로 남겼다. 다른 이에게 편지를 쓰고 있는 듯 보이지만, 실은 그가 타이르고 조언하는 대상은 자기 자신이었다. 그 글은 스스로의 생각을 글로 정리하며 자신을 성찰하고 있었다.

에픽테토스 역시 스토아 철학을 일상에 적용할 수 있는 방법을 고민했다. 그의 가르침은 제자인 아리아노스가 받아 적은 기록으로 지금까지 전해진다. 그 글을 보면 에픽테토스의 하루는 "이런 일에는 어떻게 행동해야 할까요?", "그런 일은 어떻게 다루면 될까요?", "그런 상황에 부딪히면 어떻게 극복해야 할까요?" 등 제자들이 현실에서 마주한 질문에 지혜로운 대처법을 알려주며 보낸 날들의 연속처럼 읽힌다.

이 책의 전작인 『데일리 필로소피』는 바쁜 현대인에게 스토아 철학의 지혜를 실생활에서 쉽게 접하고 곱씹을 수 있도록 전하는 책이다. 그래서 이미 높은 완성도로 여러 번 번역된 있는 그대로의 스토아 철학 원전의 형태 대신, 위대한 스토아 철학자의 가르침을 하루에 하나씩 만날 수 있도록 구성되었다.

그 책에 대한 반응은 겸허하면서도 놀라웠다. 『데일리 필로소피』는 미국 전역 베스트셀러 목록에 올랐고, 약 2천 년 만에 이뤄진 가장 큰 규모의 스토아 철학자 모임에서 기조연설의 형태로 소개되었다. 내가 인터넷으로 운영하는 데일리스토익닷컴(DailyStoic.com)의 이메일 뉴스레터에 구독자가 쇄도했는데, 덕분에 스토아 철학을 사랑하는 수만 명의 구독자가 매일 아침 동시에 같은 글을 읽고 있을 정도였다. 또한 온라인에서는 『데일리 필로소피』를 읽고 명상하며 얻은 생각을 빼곡히 적어 내려간 독자들의 노트 사진이 보이기 시작했다.

이러한 반응에 힘입어 『데일리 필로소피』와 함께 읽으면 좋을 철학 문답집, 『데일리 필로소피 Q&A』를 만들었다. 이 책은 철학을 삶에 적용하려는 모든 사람을 위한 길잡이가 되어줄 것이다. 지금 이 책을 손에 들고 있는 당신에게 큰 감사와 영광을 전하고 싶다.

철학은 생각이 아니라 행동이다

이 책은 1년 52주 동안 매주 하나씩 실천할 수 있도록 스토아 철학의 훈련과 실천 과제를 제시한다. 각 주제에는 그것이 왜 중요한지, 어떻게 실생활에 적용할 수 있는지에 대한 간단한 안내와 함께 해당 주제에 대한 집중력을 높일 수 있는 고전 스토아 철학자의 인용문이 함께 담겨 있다. 그리고 하루에 하나씩 의미 있는 질문을 던져 자신의 삶을 돌아보는 성찰을 하는 데 도움을 준다.

이 책에는 기계적으로 따라야만 하는 규범이나 지침은 담겨 있지 않다. 제시된 질문에 답하기 싫다면 건너뛰고 지금 자신에게 더 의미 있는 생각을 써 내려가도 좋다. 참고할 만한 다른 자료도 책의 맨 뒤쪽에 소개해 두었다. 세네카가 말했듯 "우리보다 앞서 길을 연 자는 우리의 주인이 아니라 안내자다. 진리는 독점할 수 없으며 모두에게 열려 있다."

스토아 철학의 가르침이 이토록 오래 살아남고, 오늘날 다시 주목받고 있는 까닭은 이 철학이 우리의 현실적인 문제를 해결하는 실용적이고 철저한 처방법이 되어주기 때문이다. 영국의 철학자 리처드 소라브지의 표현처럼 스토아 철학은 일상에서 겪는 삶의 오르막과 내리막, 가족의 죽음, 실직이나 승진, 치열한 경쟁, 금전 문제, 건강에 대한 우려, 전쟁으로 인한 참상 등에 집중한다. 그래서 우리가 마주하는 삶의 여정에서 방향을 잃지 않고 앞으로 나아갈 길잡이가 되어준다. 미국의 철학자 브랜드 블랜샤드는 마르쿠스 아우렐리우스가 남긴 유산에 대해 이렇게 경탄했다.

"사람들은 이제 역사 속 로마 지휘관이 전쟁에서 승리하고 패배한 일에는 별로 관심이 없다. 세월이 간직해 온 것은 삶의 대부분이 베일에 가려진 한 인물이 남긴 사색의 기록이다. 그가 어스레한 어둠 속에서 써 내려간 글은 그날 하루 겪은 일이나 다음 날의 계획이 아니라 훨씬 더 본질적인 것, 즉 어떤 고매한 영혼이 살면서 추구한 이상과 열망에 대한 끊임없는 성찰이었다."

로마의 스토아 철학자는 말이 아닌, 행동에 중점을 두었다. 세네카는 "철학은 우리에게 어떻게 말해야 하는지가 아니라, 어떻게 행동해야 하는지를 가르쳐준다"라고 단호히 말했다. 매일의 실천으로 삶을 개선하려는 스토아 철학의 원칙은 에픽테토스의 핵심적인 가르침이기도 했다. 그는 그 태도를 이런 조언으로 요약했다.

"단순히 배우는 데 만족하지 말고, 실천하고 나아가 훈련으로 이어가야 한다."

이 책은 우리가 더 나은 삶으로 나아가기 위한 여정에서 지혜를 마음에 새기고, 적용하며 나아가는 길 위에서 주의를 집중하고 단련하는 공간이다. 책에서 소개한 스토아 철학의 가르침을 따라가다 보면, 현대의 스토아 철학자 피에르 아도가 했던 말처럼 매일 아침 이렇게 자문하게 될 것이다. "오늘 내 행동을 이끌고 영감을 줄 원칙은 무엇인가?" 이 책은 어느 날이든 바로 시작할 수 있다. 책이 끝날 때까지 매일의 성찰을 이어나가면 된다.

52주에 걸쳐 소개되는 스토아 철학의 잠언은 우리가 어떤 어려움에 부딪히든 극복할 수 있는 해답을 제시해 준다. 단지 오래된 지혜의 나열이 아니라, 삶을 살아가는 법을 묻고 실천하며 성장하기 위한 철학적 훈련이다.

이 책은 스토아 철학의 네 가지 핵심 지혜를 향해 나아갈 수 있도록 돕는다. 첫 번째는 '현재에 집중하기'다. 통제할 수 있는 일과 없는 일을 구분하고, 외부 소음에 흔들리지 않으며, 지금 눈앞의 과제에 몰입하는 태도를 얻을 수 있다. 무수히 쏟아지는 정보와 과도한 타인과의 비교 속에서 자신을 잃지 않는 법을 배우는 시간이다. 두 번째는 '불안과 두려움 흘려보내기'다. 불확실한 미래를 두려워하기보다 오늘을 단단히 살아가는 연습이다. 스스로를 괴롭히는 예측과 상상의 공포를 내려놓고, '위에서 내려다보는 시선'을 통해 삶을 더 큰 맥락에서 바라보는 힘을 기른다. 세 번째는 '지금 행동하기'다. 시작은 큰 변화를 불러온다. 완벽을 기다리지 않고, 작게라도 지금 당장 실행하는 용기를 내는 유용한 방법을 전한다. 미루는 습관에서 벗어나 꾸준한 실천을 가능하게 하는 스토아 철학의 실천적 도구들이 소개된다. 마지막 네 번째는 '삶을 깊이 성찰하기'다. 철학을 실천하기 위해서는 반복적 사유와 성찰이 필요하다. 진정한 스승을 찾고, 마음의 평정심을 지키며, 내 삶의 기준을 스스로 세우는 태도는 지속적인 훈련에서 비롯된다. 이 장에서는 흔들림 없는 자신만의 뿌리를 내리는 방법을 모색한다. 이 모든 지혜를 통해 스토아 철학의 기본 원칙을 습득하면, 눈앞에 있는 일에 집중하고 자신의 기준으로 검증하는 태도를 기를 수 있을 것이다.

중요한 점은 이 책이 우리가 완벽한 현자처럼 살 수 있는지 시험하거나 자신이 남보다 더 낫다는 평가를 받기 위한 경쟁의 도구가 아니라는 사실이다. 철학을 그런 식으로 사용하는 사람은 분명 스토아 철학을 추구하는 사람이 아니다. 세네카가 일깨워 주듯 "철학은 다른 사람의 결점을 공격하는 무기가 아니라, 자신 안의 결점을 벗겨내는 칼날"이어야 한다. 이 책을 매일 우리의 영혼을 닦는 양치질 같은 습관이라 생각해 보자.

『데일리 필로소피 Q&A』는 스토아 철학의 정수를 실천하기 위해 쓰였다. 바로 "말을 행동으로 바꾸는 것"이다. 당신이 그 지점까지 도달하기를 진심으로 바란다. 그리고 한 번의 여정이 끝나면 다음 해에 다시 똑같은 여정을 처음부터 시작하길 권하고 싶다. "같은 강물에 두 번 발을 담글 수 없다"라고 말한 헤라클레이토스의 말처럼, 그때의 당신은 더는 지금의 당신이 아니고 이 책도 처음 읽었을 때와 같은 책이 아닐 것이기 때문이다.

이 책의 활용법

- ① **52주 스토아 철학 해설**

    1년 동안 매주 한 편씩 철학의 해설을 전하고
    이를 어떻게 실생활에 적용할 것인지 안내합니다.

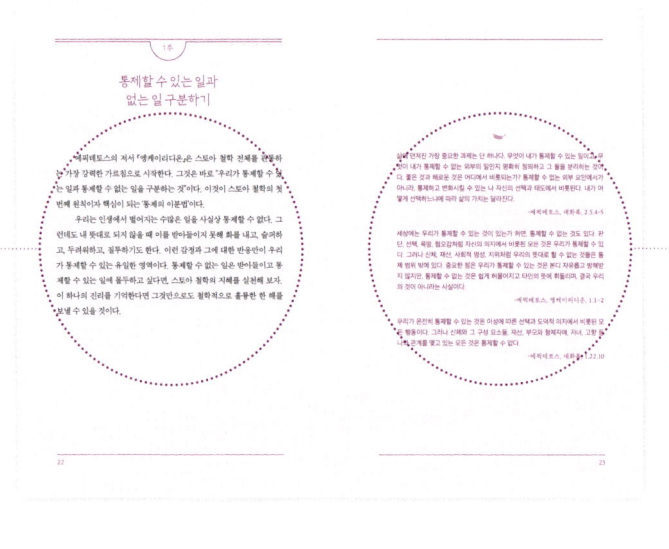

- ② **145개 아포리즘**

    마르쿠스 아우렐리우스, 세네카, 에픽테토스 등
    깊은 통찰을 주는 철학자의 아포리즘을 소개합니다.

③ **365일 철학자의 질문**
　　하루 하나, 영감을 불어넣는 질문에 자신만의 답을 쓰며
　　철학자의 목소리에 따라 하루를 살아갑니다.

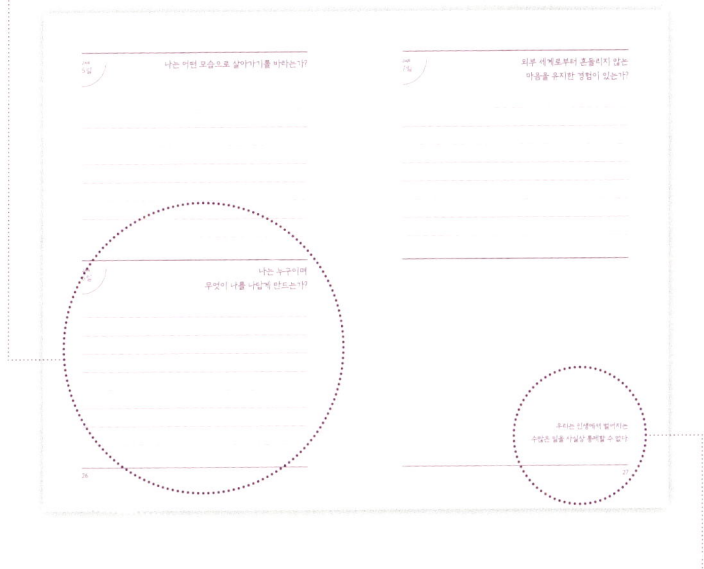

④ **금주의 핵심 한 문장**
　　핵심이 되는 문장을 다시 읽으며 한 주를 마무리합니다.

차례

들어가는 말 내면을 성장시키는 삶을 위하여 ——— 04
이 책의 활용법 ——— 14

첫 번째 지혜
현재에 집중하기

1주	통제할 수 있는 일과 없는 일 구분하기	22
2주	마음의 평정을 얻는 길	28
3주	아침에 일어나서 생각해야 할 질문들	34
4주	증오심은 자신을 해친다	40
5주	눈앞에 있는 일에 집중하기	46
6주	분노를 관대함으로	52
7주	외부 자극을 경계하라	58
8주	욕망을 줄이고 행복을 늘리는 습관	64
9주	욕망에 무심해지기	70
10주	소유에는 대가가 따른다	76
11주	공감은 마르쿠스 아우렐리우스처럼	82
12주	가장 좋은 안식처	88
13주	나 자신으로 살아가기	94

> 두 번째
> 지혜

불안과 두려움 흘려보내기

14주	어떤 일이든 일어날 수 있다	102
15주	판단이 불안을 키운다	108
16주	충동을 통제하라	114
17주	욕망 해체하기	120
18주	두려움의 해악	126
19주	삶은 습관으로 이루어져 있다	132
20주	주어진 삶에 감사하기	138
21주	진정한 즐거움 추구하기	144
22주	하늘의 시선으로 바라본다면	150
23주	집중도 습관이다	156
24주	올바른 손잡이를 선택하라	162
25주	산책의 힘	168
26주	장애물은 도약을 위한 발판이다	174

세 번째
지혜

지금 행동하기

27주	선한 의지 지켜내기	182
28주	선행의 대가	188
29주	매일 조금씩 발전하는 기쁨	194
30주	침묵의 힘	200
31주	불평불만 내려놓기	206
32주	작은 발걸음으로 충분하다	212
33주	불필요한 일을 덜어내는 법	218
34주	상상 속의 두려움 내려놓기	224
35주	시작하기 좋은 날은 오늘이다	230
36주	혹한기 훈련	236
37주	언제나 응답받는 기도	242
38주	행동이 당신을 보여준다	248
39주	지금이 삶의 마지막인 것처럼	254

네 번째 지혜
삶을 깊이 성찰하기

40주	침묵하고 경청하기	262
41주	사랑의 묘약을 만드는 법	268
42주	정직은 유일한 삶의 원칙	274
43주	협력은 본성이다	280
44주	평온을 비는 기도	286
45주	뼛속에 깃든 힘	292
46주	타인이 아닌, 자신을 평가하라	298
47주	잃는 연습	304
48주	자신의 기준으로 검증하기	310
49주	시간의 구두쇠 되기	316
50주	참된 스승의 중요성	322
51주	자신만의 지혜 축적하기	328
52주	오직 행동으로 말하라	334

나가는 말 스토아 철학을 더 알고 싶다면 ——— 340

첫 번째 지혜

현재에 집중하기

우리는 언제나 현재를 살아가지만, 지금 여기에 머물기는 쉽지 않다. 지나간 과거를 후회하거나 아직 오지 않은 미래를 걱정하느라 눈앞의 삶을 흘려보내기 일쑤다. 자신이 바꿀 수 없는 일에 지나치게 몰두한다면, 우리는 지금을 살지 못한다. 이 장에서는 우리가 통제할 수 있는 일과 없는 일을 분별하도록 가르침을 주어 '지금, 여기'에서 할 수 있는 일에 마음과 행동을 집중하는 법을 전한다. 복잡하고 불확실한 시대일수록, '현재에 집중하는 힘'은 가장 명확한 나침반이 되어줄 것이다.

1주

통제할 수 있는 일과 없는 일 구분하기

　에픽테토스의 저서 『엥케이리디온』은 스토아 철학 전체를 관통하는 가장 강력한 가르침으로 시작한다. 그것은 바로 "우리가 통제할 수 있는 일과 통제할 수 없는 일을 구분하는 것"이다. 이것이 스토아 철학의 첫 번째 원칙이자 핵심이 되는 '통제의 이분법'이다.

　우리는 인생에서 벌어지는 수많은 일을 사실상 통제할 수 없다. 그런데도 내 뜻대로 되지 않을 때 이를 받아들이지 못해 화를 내고, 슬퍼하고, 두려워하고, 질투하기도 한다. 이런 감정과 그에 대한 반응만이 우리가 통제할 수 있는 유일한 영역이다. 통제할 수 없는 일은 받아들이고 통제할 수 있는 일에 몰두하고 싶다면, 스토아 철학의 지혜를 실천해 보자. 이 하나의 진리를 기억한다면 그것만으로도 철학적으로 훌륭한 한 해를 보낼 수 있을 것이다.

삶에 던져진 가장 중요한 과제는 단 하나다. 무엇이 내가 통제할 수 있는 일이고, 무엇이 내가 통제할 수 없는 외부의 일인지 명확히 정의하고 그 둘을 분리하는 것이다. 좋은 것과 해로운 것은 어디에서 비롯되는가? 통제할 수 없는 외부 요인에서가 아니라, 통제하고 변화시킬 수 있는 나 자신의 선택과 태도에서 비롯된다. 내가 어떻게 선택하느냐에 따라 삶의 가치는 달라진다.

-에픽테토스, 대화록, 2.5.4-5

세상에는 우리가 통제할 수 있는 것이 있는가 하면, 통제할 수 없는 것도 있다. 판단, 선택, 욕망, 혐오감처럼 자신의 의지에서 비롯된 모든 것은 우리가 통제할 수 있다. 그러나 신체, 재산, 사회적 명성, 지위처럼 우리의 뜻대로 할 수 없는 것들은 통제 범위 밖에 있다. 중요한 점은 우리가 통제할 수 있는 것은 본디 자유롭고 방해받지 않지만, 통제할 수 없는 것은 쉽게 허물어지고 타인의 뜻에 휘둘리며, 결국 우리의 것이 아니라는 사실이다.

-에픽테토스, 엥케이리디온, 1.1-2

우리가 온전히 통제할 수 있는 것은 이성에 따른 선택과 도덕적 의지에서 비롯된 모든 행동이다. 그러나 신체와 그 구성 요소를, 재산, 부모와 형제자매, 자녀, 고향 등 나와 관계를 맺고 있는 모든 것은 통제할 수 없다.

-에픽테토스, 대화록, 1.22.10

JAN 1일

내가 오로지 통제할 수 있는 일은 무엇일까?

JAN 2일

나는 무엇을 위해 지금 이 모든 것을
배우고 경험하고 있는가?

JAN
3일

가장 우선순위의 일을 하기 위해
거절할 수 있는 일은 무엇인가?

JAN
4일

변화시킬 수 없는 것은 그대로 받아들이고 있는가?

JAN
5일

나는 어떤 모습으로 살아가기를 바라는가?

JAN
6일

나는 누구이며
무엇이 나를 나답게 만드는가?

JAN
7일

외부 세계로부터 흔들리지 않는
마음을 유지한 경험이 있는가?

우리는 인생에서 벌어지는
수많은 일을 사실상 통제할 수 없다.

2주

마음의 평정을 얻는 길

　스토아 철학에서 가장 중요한 원칙이 통제할 수 있는 일과 없는 일을 분별하는 것이라면, 두 번째 원칙은 우리가 선택할 수 있는 일에 시간과 정성을 쏟는 것이다. 스토아 철학자는 주위 환경에 잘 적응하고 올바른 방향으로 나아간다면, 이성적인 영혼이 어떤 시련이나 외부의 상황이 닥치더라도 결코 흔들리지 않는 난공불락의 요새와 같은 힘을 지닐 수 있다고 믿었다.

　'합리적인 선택'을 내리는 우리의 이성은 하나의 성스러운 장소이자, 우리가 삶에서 유일하게 소유할 수 있는 것이다. 삶은 우리 자신의 선택으로 이루어지므로 잘 선택하는 일은 정말 중요하다. 이번 주는 이성적으로 선택할 수 있는 영역, 즉 자신의 감정과 행동과 신념과 우선순위에 대해 성찰해 보자.

새벽부터 시작해 낮과 밤까지 이런 생각을 새겨두어라. 행복으로 가는 유일한 길이 있다. 바로 우리가 선택할 수 있는 영역을 넘어선 일을 모두 포기하는 것이다. 나의 소유물이 아니라고 생각되는 것, 신에게 달려 있거나 행운의 영역이라 부르는 모든 것을 말이다.

-에픽테토스, 대화록, 4.4.39

그렇다면 누가 천하무적인가? 자신이 이성적인 선택을 내린 영역 밖의 것들에 분노하지 않는 사람이야말로 천하무적이다.

-에픽테토스, 대화록, 1.18.21

외부의 어떤 것을 향해서 뻗어나가거나 내부를 향하여 오그라들지 않고, 흩어지거나 가라앉지도 않으면서, 오히려 빛을 통해 만물의 진리와 자신 안의 진리를 보고 밝힐 때 영혼은 완전함을 유지하게 된다.

-마르쿠스 아우렐리우스, 명상록, 11.12

JAN
8일

중독되어 끊기 어려운 행동이 있는가?

JAN
9일

평정심을 잃고 마음이 흔들린 적이 있는가?
무엇 때문이었는가?

JAN
10일

몸과 마음이 평온했던 때는 언제인가?

JAN
11일

삶이 불안정하다고 생각하는 이유는 무엇인가?

JAN
12일

마음의 평정을 느끼는 때는 언제인가?

JAN
13일

내 뜻대로 할 수 없는 일들은 무엇인가?

JAN
14일

나를 골치 아프게 하는 일은 무엇인가?

삶은 우리 자신의 선택으로 이루어진다.

3주

아침에 일어나서 생각해야 할 질문들

이 책을 활용해 매일 자신을 돌아보는 글을 쓴다면, 에픽테토스와 마르쿠스 아우렐리우스를 비롯해 여러 위대한 스토아 철학자가 추구한 길을 따를 수 있다. 그들은 매일을 순간적인 충동에 따라 보내지 않고, 해야 할 일을 미리 다짐하여 자제력을 갖고 실천했다. 또한 하루, 일주일, 그리고 일 년 단위로 어떤 일이 일어날지 생각하고 예측하며 매 순간을 보냈다. 아침마다 철학적 성찰을 담은 글쓰기와 같은 규칙적인 활동으로 하루를 맞이할 준비를 했다. 이처럼 우리도 스토아 철학의 잠언을 새기고 자신을 돌아보며 하루를 맞이할 준비를 해보자. 그러면 우리는 해야 할 일을 미리 다짐하고 실천하는 주도적인 삶을 살 수 있을 것이다.

아침에 일어나면 가장 먼저 다음의 질문을 자신에게 던져보자.

- 나는 무엇 때문에 걱정에서 벗어나지 못하는가?
- 평온이란 무엇인가?
- 무엇이 나인가? 그저 내 신체나 자산이나 명성이 나는 아니지 않은가?
- 이성적인 존재는 무엇을 말하는가?
- 내가 해야 할 일은 무엇인가? 나의 행동에 대해 곰곰이 생각해 보라.
- 어째서 나는 평온하지 못한 삶을 살고 있는가?
- 불친절하고, 사교적이지 않고, 배려심 없었던 적이 있는가?
- 나는 왜 이 모든 것을 계속 실패하는가?

-에픽테토스, 대화록, 4.6.34-35

아침에 일어나기 싫을 때는 마음속으로 이렇게 생각하라. '나는 인간으로서 해야 할 일을 하기 위해 일어나야 한다. 그 일을 위해 나는 태어났고 이 세상에 존재하게 되었는데, 어떻게 짜증을 내고 불평을 늘어놓을 수 있겠는가? 나는 겨우 잠자리에서 이불을 덮어쓰고 따뜻함을 즐기려고 태어난 것인가?' 그런 즐거움이 좋다면 당신은 쾌락을 위해 태어났다는 말인가? 요컨대 당신은 쾌락을 얻기 위해 존재하는가, 아니면 의무를 다하여 노력하기 위해 존재하는가?

-마르쿠스 아우렐리우스, 명상록, 5.1

JAN 15일

힘들어도 끝까지 해내는가,
아니면 도중에 포기하고 마는가?

JAN 16일

최근에 아무 의심 없이 받아들인
타인의 견해는 무엇이었는가?

JAN
17일

중요한 일에 책임을 다하고 있는가?

JAN
18일

다른 사람이 미처 깨닫지 못하는
행복을 발견한 적이 있는가?

JAN 19일

상황이 좋건 나쁘건, 지위가 높건 낮건
나에게는 여전히 선택의 자유가 있는가?

JAN 20일

내 삶의 원칙대로 살지 못하게 가로막는
가장 큰 장애물은 무엇인가?

JAN
21일

일기 쓰는 습관으로 무엇을 얻고 있는가?

매일 자신을 돌아보는 글을 쓴다면
주도적인 삶을 살 수 있을 것이다.

증오심은 자신을 해친다

스토아 철학자는 친절이 증오를 이긴다는 가르침을 내세웠다. 그들은 증오에 몰입하면 해로운 감정에 사로잡힌 거라고 생각했다. 그런 감정은 상대가 아닌 자신에게 상처를 주기 때문에 해롭다고 여긴 것이다. 그러니 남을 비방하는 사람을 미워할 이유는 없다. 그런 사람은 이미 충분히 고통을 겪고 있기 때문이다. 우리가 이런 식으로 생각한다면 타인을 친절하고, 온화하고, 진실하고, 융통성 있는 태도로 대하기가 더욱 쉽다.

성경의 가르침에 "원수를 사랑하는 것은 그들 머리 위에 뜨거운 석탄을 끼얹는 것과 같다"라는 말이 있다. 즉 원수에게 친절을 베풀어 그가 창피함으로 얼굴이 붉어질 정도로 뉘우치게 만들라는 의미다. 그만큼 예상하지 못한 일이기 때문이다. 우리도 누군가의 적대감에 친절과 연민으로 반응해 그를 그토록 놀라게 만드는 일이 가능할까? 그렇게 할 수 있다면 우리의 기분은 또 얼마나 좋아지겠는가?

누군가가 나를 경멸한다면 그렇게 하도록 내버려두자. 하지만 나는 경멸받을 만한 말이나 행동을 하지 않도록 주의할 것이다. 누군가가 나를 미워한다면 그렇게 하도록 내버려두자. 하지만 나는 모두를 친절과 선의로 대하고, 내게 잘못한 사람에게는 무엇을 잘못했는지 깨우쳐 줄 것이다. 하지만 비난하지 않을 것이며, 내가 참고 있다는 사실도 드러내지 않을 것이다. 그저 진솔하고 도움이 되도록 대할 것이다.

-마르쿠스 아우렐리우스, 명상록, 11.13

친절함이야말로 천하무적의 무기다. 다만 빈정대거나 연기하는 것이 아니라 진심으로 친절해야 한다. 가장 사악한 사람에게도 친절하게 대할 수 있다면 그렇게 하라. 그리고 기회가 주어진다면 그들의 잘못된 점을 상냥하게 알려주어라. 그런다면 그들이 어떻게 우리에게 해를 끼치려 하겠는가?

-마르쿠스 아우렐리우스, 명상록, 11.18.5.9a

우리를 진정으로 모욕하는 이는 지저분하게 헐뜯거나 주먹을 휘두르는 사람이 아니다. 이들에게 모욕당했다고 여기는 우리의 생각이다. 그러므로 누군가가 우리를 화나게 한다면, 우리 마음속 생각이 분노를 유발한다는 사실을 기억해야 한다. 그리고 무엇보다 외적 인상에 마음을 빼앗기지 않도록 노력하라. 짐시라도 스스로 생각하는 시간을 갖는다면 우리는 쉽게 자신을 통제할 수 있다.

-에픽테토스, 엥케이리디온, 20

JAN
22일

나를 모욕하는 사람을 미워하지 않고
용서할 수 있는가?

JAN
23일

최근 타인에게 마음을 완전히 연 적이 있는가?

JAN 24일

조언이나 비판을 받아들이고,
내 의견을 바꿀 정도로 유연한가?

JAN 25일

뜻하지 않은 삶의 기습 공격을
이겨낼 준비가 되어 있는가?

JAN
26일

마음이 혼란스러울 때
재빨리 차분한 마음으로 돌아갈 수 있는가?

JAN
27일

누군가를 편견 없이 바라본 적은 언제였는가?

JAN
28일

화내지 않기, 험담하지 않기 등
내 이성을 어느 정도로 훈련하고 있는가?

원수를 사랑하는 것은 그들 머리 위에
뜨거운 석탄을 끼얹는 것과 같다.

5주

눈앞에 있는 일에 집중하기

　마르쿠스 아우렐리우스는 격동의 시대에 나라를 다스렸다. 그의 치세에 로마의 전쟁이 여러 전선으로 확대되었을 뿐 아니라 끔찍한 전염병 때문에 나라가 황폐해졌다. 제국을 통치하는 일로 그는 분명히 끊임없는 압박감을 느꼈을 것이다. 그러나 마르쿠스는 그 압박감에 굴복하지 않았다. 스토아 철학자와 양아버지 안토니누스 피우스 황제를 본보기로 삼은 마르쿠스는 늘 현재의 순간에 최선을 다하고 눈앞에 있는 일에만 집중해 그런 압박감을 이겨냈다.

　삶이 감당할 수 없을 정도로 힘들고 스트레스가 심해질 때 마르쿠스가 이용한 스트레스 대처 방법을 떠올려 보자. 그렇게 하면 거대해 보이는 일에 압도당하지 않고 지금 여기에 집중할 수 있다.

어떤 순간에도 한 로마인으로서, 그리고 인간으로서 엄격하고 단순한 위엄, 사랑과 자유, 그리고 정의감을 갖고 자신에게 주어진 소임을 완수하고, 다른 잡념에서 벗어날 수 있도록 충실히 사고하라. 감정에 이끌리고, 이성의 통제에서 벗어나 제멋대로 행동하지 않고, 위선이나 이기심, 자기에게 주어진 운명에 대한 모든 불만을 버리고, 지금이 마지막인 것처럼 주어진 일을 실천해 간다면 당신은 스스로 안정을 얻게 될 것이다. 몇 가지만 잘 이겨내면 풍요롭고 경건한 삶을 살 수 있다는 사실을 당신도 알지 않는가.

-마르쿠스 아우렐리우스, 명상록, 2.5

3000년 혹은 헤아릴 수 없이 많은 세월을 살 수 있다고 할지라도, 지금 우리가 살고 있는 삶은 지나가며, 지나가는 삶 외에 다른 어떤 삶을 살 수 없다는 점을 명심하라. 인생이 아무리 짧고 아무리 길어도 그 사실은 변함이 없다. 현재의 순간은 누구에게나 다 같은 시간이며 우리가 소유하고 있는 것은 현재밖에 없기 때문이다. 우리는 과거나 미래를 잃어버릴 수 없다. 어떻게 지금 소유하고 있지도 않은 것을 잃어버릴 수 있겠는가?

-마르쿠스 아우렐리우스, 명상록, 2.14

인생 전체를 생각하면서 자신을 혼란에 빠뜨리며 괴로워하지 말라. 과거에 겪었고 미래에 겪게 될 온갖 괴로운 일들을 한꺼번에 걱정하지 말라. 오직 눈앞에 닥친 일에 집중하여 '이 일은 내가 도저히 견딜 수 없고 감당할 수 없는 것인가?'라고 자신에게 물어보라.

-마르쿠스 아우렐리우스, 명상록, 8.36

JAN
29일

지금 내 앞에 놓인 일에 집중하며
흔들리지 않는 마음을 지키고 있는가?

JAN
30일

중요하지 않은 일에
시간을 뺏기고 있지는 않은가?

JAN 31일

삶의 고통을 더 확대하지 않고
그냥 흘러가게 둘 수 있는가?

FEB 1일

분노를 극복하는 자신만의 방법은 무엇인가?

FEB
2일

나는 특히 어떤 욕구 때문에 자제력을 잃는가?

FEB
3일

어려움이 닥쳤을 때 이겨낼 능력이 있는가?

FEB
4일

외부의 압박을 대수롭지 않게
넘길 품성을 기르고 있는가?

우리는 과거나 미래를 잃어버릴 수 없다.

6주

분노를 관대함으로

로마의 황제 마르쿠스 아우렐리우스는 화낼 일이 많았을 것이다. 그는 황제로서 막대한 책임을 짊어지고 있었고, 불만이 가득하거나 까다로운 다수의 사람과 함께 일을 해야 했기 때문이다. 그래서 마르쿠스는 분노의 문제를 아주 날카롭게 인식하고 있었다. 분노가 얼마나 비생산적인 감정이며 그것에 휘둘리는 사람을 얼마나 비참하게 만드는지 잘 알고 있었다. 그는 타인을 향한 선의를 지키기 위해 분노를 관대함으로 바꾸는 간단한 훈련을 반복하곤 했다.

어떤 상황에서도 타인에 대한 호의를 버려서는 안 된다. 그리고 고의로 실수를 저지르는 사람은 없다는 사실을 명심해야 한다. 분노를 느낄 때마다 마르쿠스의 가르침을 떠올려 보자. 어떻게 하면 분노를 관대함으로 바꿀 수 있는지를 생각해 보고, 그런 좋은 사례가 있으면 기록해 보자.

우리가 이성의 길을 따라 앞으로 나아갈 때 방해하는 사람들이 있을 수 있다. 하지만 그들은 결코 우리의 타당한 행동을 막을 수 없다. 그러므로 그들을 향한 선한 의지를 거두지 않도록 하라. 그리고 다음 두 가지에 끊임없이 주의를 기울여라. 올바른 판단과 행동을 유지하고 우리의 길을 방해하는 사람이나 난관에도 관대한 태도를 보여라. 분노는 과업을 포기하거나 두려움에 굴복하는 것만큼이나 나약함을 드러내는 행위이기 때문이다.

-마르쿠스 아우렐리우스, 명상록, 11.9

플라톤이 말한 것처럼, 모든 영혼은 자신의 의지와 상관없이 진리를 빼앗긴다. 정의, 절제, 타인에 대한 선한 의지를 비롯한 모든 미덕도 마찬가지다. 이런 생각을 마음에 새겨두고 늘 기억하라. 그러면 우리는 모두에게 친절하게 대할 수 있다.

-마르쿠스 아우렐리우스, 명상록, 7.63

분노가 치밀어 오르는 순간이 오면 간단하게 생각하라. 화를 내는 건 용기 있는 태도가 아니다. 오히려 관대함과 공손함이 인간적이고 용기 있는 마음에 더 가깝다. 분노와 불만에 무너지지 않는 인간이야말로 강인하고 용기와 인내력이 있는 사람이다.

-마르쿠스 아우렐리우스, 명상록, 11.18.5b

FEB 5일

최근 감정에 휩쓸려
나오는 대로 말한 적이 있는가?

FEB 6일

나는 타인의 반대에 부딪혀도
그들을 선의로 대할 수 있는가?

FEB 7일

타인에게 주의를 빼앗기지 않고
오롯이 내 일에 신경 쓸 수 있는가?

FEB 8일

타인의 잘못을 용서하면 어떤 기분이 들까?

FEB 9일

누구를 위해, 무엇을 위해
내 삶을 바치고 있는가?

FEB 10일

어떻게 하면 일터에서 다른 사람과
협력하며 잘 지낼 수 있을까?

FEB
11일

나의 올바른 행동은 자발적인가,
아니면 비자발적인가?

어떤 상황에서도 타인에 대한
호의를 버려서는 안 된다.

7주

외부 자극을 경계하라

　우리는 매 순간 수많은 정보가 쏟아져 나오는 세상 속에서 살아간다. 그래서 우리의 마음도 정보에 대한 인식으로 번잡스럽기만 하다. 스토아 철학자는 매우 중요한 것을 지켜내려면 이런 넘쳐나는 외부 자극을 끊임없이 경계해야 한다고 가르친다.
　그렇다면 우리가 지켜야 하는 중요한 것은 무엇인가? 마음의 평화, 사고의 명확성, 영혼의 자유 등 통찰력의 기반이 되는 것들이다. 에픽테토스는 우리에게 무수히, 그리고 끊임없이 밀려드는 자극을 무시하는 법을 터득해야 한다고 일깨운다.

통찰력을 끊임없이 지켜야 한다. 우리가 지켜야 할 이것은 결코 작은 요소가 아니기 때문이다. 존엄, 신뢰, 끈기, 마음의 평화, 고통과 두려움으로부터의 해방, 한마디로 영혼의 자유를 지켜야 하기 때문이다. 무엇 때문에 이런 것을 내어주어야 한다는 말인가?

-에픽테토스, 대화록, 4.3.6b-8

철학은 자기 내면의 이성적 원칙을 명확하게 인식하는 것에서 시작한다.

-에픽테토스, 대화록, 1.26.15

나는 큰 파도 한가운데로 곤두박질하듯 성급히 뛰어들어 파란만장한 삶을 받아들이고 매일 어려운 상황과 큰 의지로 싸워나가는 사람의 방식에 동의하지 않는다. 지혜로운 자는 그 힘겨운 삶을 견뎌내겠지만 굳이 그 고통을 선택하려고 하지 않는다. 다툼보다는 평화 안에 있기를 좋아하기 때문이다.

-세네카, 도덕에 관한 서한, 28.7

FEB
12일

나는 무엇 때문에
마음의 평화를 타인에게 내어주는가?

FEB
13일

내가 즐기고 있는 것들 중에
실은 나를 해치고 있는 건 무엇인가?

FEB
14일

어떻게 하면 내면의 진정한 목소리를
더 잘 들을 수 있는가?

FEB
15일

갑작스럽고 강렬한 두려움이나
분노와 같은 감정은 과연 실재하는 것일까?

FEB 16일

감정에 매몰되어 상황이
더 어려워졌던 경험이 있는가?

FEB 17일

지금 당장 실현할 수 있는데도
미루고 있는 행복은 무엇인가?

FEB
18일

나는 부정적 느낌에 현혹되지 않도록
마음을 단련하고 있는가?

마음의 평화, 사고의 명확성, 영혼의 자유 등
통찰력의 기반이 되는 것들이 중요하다.

8주

욕망을 줄이고 행복을 늘리는 습관

　욕망이 늘면 감사하는 마음이 줄어들듯, 욕망이 줄면 감사하는 마음이 늘어난다. 에픽테토스는 제자들이 욕망을 늘리는 해로운 습관을 줄이는 데 대부분의 가르침을 집중했다. 또한 그런 실천이 좋은 인간관계를 맺고 행복한 삶에 도달하는 길이라고 확신했다.
　이와 같이 욕망을 줄이는 습관을 들이고 우리가 이미 소유하고 있는 삶의 몫에 감사하면 어떨까? 그러면 우리는 시간이 지날수록 행복에 대한 감각이 무뎌지는 '쾌락 적응' 현상에서 벗어나 진정으로 만족감을 느끼는 삶으로 나아갈 수 있다.

연회에 참석한 사람처럼 인생을 살아가야 함을 기억하라. 먹을 것이 네 앞에 오면 손을 뻗어 필요한 만큼만 집어라. 음식이 그냥 지나가는가? 그렇다면 멈춰 세우려 들지 말라. 아직 오지 않았는가? 그렇다면 너의 욕구를 앞세우지 말고, 네 몫의 음식이 올 때까지 기다려라. 자녀나 배우자, 사회적 지위나 부에 대해서도 이렇게 행동하라. 그러면 언젠가는 신들의 연회에 참석할 자격을 얻게 될 것이다.

-에픽테토스, 엥케이리디온, 15

아이에게 사탕이 든 좁은 병에 손을 집어넣고 사탕을 집게 하면 아이는 사탕을 한 움큼 쥐고서는 주먹이 병 입구에서 빠지지 않아 울기 시작한다. 사탕을 몇 개 떨어뜨려야 손을 뺄 수 있다. 너무 많은 것을 마음에 두지 않는다면 필요한 것을 얻을 수 있다.

-에픽테토스, 대화록, 3.9.22

자유는 우리 마음속에 욕망을 가득 채워서 얻는 것이 아니라, 욕망을 없애서 얻는 것이다.

-에픽테토스, 대화록, 4.1.175

FEB
19일

인생의 만찬에서 내 몫에 만족하고 있는가?

FEB
20일

내가 추구하는 쾌락은 정말 가치가 있는가?

FEB
21일

멈출 수 있는 욕망은 무엇인가?

FEB
22일

침묵하는 것이 말하는 것보다 낫다고 확신하는가?

FEB 23일

상황이 바뀌지 않는데 화를 낸 적이 있는가?
다시 돌아간다면 어떻게 행동할 것인가?

FEB 24일

피해를 입었다고 스스로 판단하며
감정을 드러낸 적이 있는가?

FEB
25일

증오나 분노에 이끌릴 때
상황을 악화시키지 않는 방법은 무엇인가?

욕망이 줄면 감사하는 마음이 늘어난다.

욕망에 무심해지기

9주

어떤 사람은 건강, 부유함, 즐거움, 성취 등 좋은 것을 추구하는 데 삶을 보낸다. 또 어떤 사람은 질병, 가난, 고통 등 나쁜 것을 피하려고 노력하는 데 삶을 보낸다. 이 둘은 전혀 다른 삶의 방식처럼 보이지만 결과적으로는 서로 다르지 않다.

스토아 철학자는 우리가 바라거나 피하려는 많은 일이 우리가 통제할 수 없다는 걸 끊임없이 스스로 상기시켰다. 그들은 불가능을 좇는 대신 좋거나 나쁜 상황에 부딪혀도 변함없이 잘 지내기 위해 대비하고 적응하도록 훈련했다. 그리고 어떤 상황이든 덤덤하게 받아들이도록 마음을 단련했다. 이것은 위대한 힘이며 그 태도를 기르는 일 자체가 매우 강한 수련이다.

존재하는 모든 것은 세 분류로 나뉜다. 어떤 것은 좋고 어떤 것은 나쁘며 또 어떤 것은 무심하다. 좋은 것에는 미덕이 있어서 모두가 그것을 공유하려고 든다. 나쁜 것은 악덕이지만 이 또한 모두가 탐닉하려 한다. 무심은 이런 미덕과 악덕 사이에 놓여 있다. 부, 건강, 삶, 죽음, 쾌락, 고통이 무심의 영역에 있다.

-에픽테토스, 대화록, 2.19.12b-13

나의 합리적 선택은 내 이웃의 합리적 선택과 아무런 상관이 없다. 그의 호흡과 육신이 나와 아무런 상관이 없는 것과 마찬가지다. 우리는 물론 서로 협력하기 위해 태어났지만, 우리 각자를 지배하는 이성은 고유의 권한을 갖는다. 그렇지 않다면 이웃의 악덕은 나에게 해가 될 것이다. 내 불행이 다른 사람의 지배를 받는 것은 신의 의도가 아니다.

-마르쿠스 아우렐리우스, 명상록, 8.56

삶에는 유익한 일과 해로운 일이 있다. 이는 모두 우리가 통제할 수 없는 일들이다.

-세네카, 도덕에 관한 서한, 92.16

FEB 26일

다른 사람이 망친 일이
신경 쓰이는 이유는 무엇인가?

FEB 27일

지금까지 외부의 탓이라
생각한 문제들은 무엇인가?

FEB
28일

삶의 여정을 잠시 멈추고
평정심을 되찾는다면 어떻게 될까?

FEB
29일

내가 원하는 것을 갖지 않으면
무슨 일이 일어나는가?

MAR 1일

사람들이 당연시하는 진리에 대해
나는 얼마나 자주 의문을 품는가?

MAR 2일

나는 자신을 정확하게 파악하고 평가하는가?

MAR
3일

상황을 있는 그대로 받아들이는 사람은
어떤 모습일까? 나는 그 모습과 닮아가려 하는가?

MAR
4일

내가 스스로 노예가 되기로 자초한 일은 무엇인가?

10주

소유에는 대가가 따른다

스토아 철학자들은 키니코스 학파로부터 사물의 진정한 가치에 집중해야 한다는 강력한 가르침을 받아들였다. 어떤 물건의 가치는 판매 가격이 아니라 소유자가 소유하는 데 드는 대가에 있다. 물질적 재화를 향한 대부분의 욕구는 평정심을 잃게 하고 근심하게 한다. 이는 욕망에서 이어진 대가다. 더군다나 물질적 재화를 얻었을 때도 평정심이 줄고 근심이 늘어난다. 우리가 구매하는 물건이 실제로 어떤 가치가 있는지 곰곰이 생각해 볼 필요가 있다. 이번 주는 우리가 구매한 물건이 진정으로 가치가 있는가를 확인하는 시간을 가져보자.

그러므로 우리가 추구하는 것들, 큰 수고와 노력을 치르고 있는 것들에 대해 생각해 보아야 한다. 거기에 유용한 것이 아무것도 없거나, 그렇지 않더라도 불리한 것이 더 많지 않은지 살펴보아야 한다. 그중에는 남아도는 것이나 그만한 가치가 없는 것도 있을 테니. 그런데 우리는 그 점을 쉽게 지나친다. 공짜로 손에 넣었다고 여기는 것들이 실제로는 무엇보다 비싼 값을 치르는 것들이다.

-세네카, 도덕에 관한 서한, 42.6

거리에 있는 누군가에게 당신의 몸이 함부로 내맡겨진다면 당신은 화를 낼 것이다. 그런데 당신을 욕하는 사람에게 자신의 마음을 넘겨서 그 마음이 괴로움과 혼란에 시달리게내버려 둔다면 그것이야말로 더 부끄러운 일이 아닌가?

-에픽테토스, 엥케이리디온, 28

시노페의 디오게네스는 우리가 아주 작은 것에 커다란 가치를 지불하며, 그 반대의 경우도 존재한다고 말했다.

-디오게네스의 강의, 탁월한 철학자들의 삶, 6.2.35b

MAR
5일

내가 그토록 열망하는 것은
내게 정말 필요한 것인가?

MAR
6일

나는 자신의 이야기를 타인에게
자랑하는 사람인가?

MAR
7일

내 판단을 신뢰하기 전에
스스로를 객관적으로 평가할 수 있는가?

MAR
8일

내 시간과 집중력을 타인에게
넘겨주지 않고 잘 지켜내고 있는가?

MAR 9일

나는 주변 사람에게 좋은 사람이 되고 있는가,
나쁜 사람이 되고 있는가?

MAR 10일

나의 참된 스승은 누구이며 그 이유는 무엇인가?

MAR
11일

자유를 대가로 무엇을 얻었는가?
어떻게 하면 자유를 돌려받을 수 있겠는가?

대부분의 욕구는
평정심을 잃게 하고 근심하게 한다.

11주

공감은 마르쿠스 아우렐리우스처럼

우리는 자신의 의도에 대해서는 매우 좋게 생각하고, 타인의 의도에 대해서는 매우 안 좋게 생각하는 경향이 있다. 그러면서 왜 삶이 이토록 서로 간의 갈등으로 가득한지 의아해한다. 스토아 철학자는 이런 습관을 뒤집어 타인의 관점에서 생각했다. 이들은 타인에 대한 자신의 첫 반응에 의구심을 품고, 처음부터 공감하는 마음으로 타인에게 다가가도록 훈련했다.

흔히 권력자는 이런 식으로 행동하는 데 꽤 서투르다. 그러나 통치 기간 동안 가장 강력한 권력자였던 마르쿠스 아우렐리우스는 인간애를 바탕으로 타인을 대한 인물로 잘 알려져 있었다. 그는 늘 시간을 내어 자신의 결점을 돌아보았고, 어떤 상황에서든 타인의 관점에서 이해하려고 노력했다. 마르쿠스는 늘 자신에게 일깨웠다. 거칠고 소란스러운 일상 속에서 쉽게 간과되지만, 실상 대부분의 사람은 저마다의 자리에서 최선을 다해 살아가고 있다는 사실을 말이다. 우리도 이런 스토아 철학자들의 가르침을 따라 타인의 관점에서 생각하고 공감할 수 있도록 노력해 보면 어떨까?

어떤 사람이 당신에게 잘못을 저지른다면, 즉시 그 사람이 무엇을 선이라고 생각하고 무엇을 악이라고 생각해서 그런 잘못을 저지르게 되었는지를 생각해 보라. 그것을 알게 된다면, 당신은 그 사람의 사정을 헤아리게 되어 놀라거나 화내지 않게 될 것이다. 당신도 선악에 대해 그 사람과 동일하거나 비슷하게 판단하기 때문에 잘못을 저지른 사람을 이해하고 용서하게 된다. 하지만 당신이 어떤 부분에 대해 선하다거나 악하다는 판단 자체를 하지 않는다면, 그릇된 시각을 지닌 자를 너무도 쉽게 받아들이게 될 것이다.

-마르쿠스 아우렐리우스, 명상록, 7.26

경기장에서 경쟁 상대가 손톱으로 할퀴고 머리로 들이받았다고 생각해 보자. 그때 그에게 항의하지 말라. 그가 잘못되었다고 하거나 음모를 꾸민다는 의혹을 품지도 말라. 그를 적으로 여기거나 의심의 눈초리로 바라보지 말고 그저 그를 계속 지켜보라. 충돌을 방지하기 위해서라도 그렇게 해야 한다. 삶에서 겪게 되는 다른 모든 상황에서도 그렇게 행동해야 한다. 우리와 함께 경기를 펼치고 있는 사람이 행하는 것을 너그럽게 받아들여야 한다. 이미 말했듯이 의심과 증오 없이도 충돌을 피할 수 있기 때문이다.

-마르쿠스 아우렐리우스, 명상록, 6.20

MAR
12일

최근 타인을 평가한 적은 언제였는가?
그 판단에 오류가 없다고 자신하는가?

MAR
13일

타인의 선의를 제대로 이해하려고 한다면
무엇이 바뀔까?

MAR
14일

나의 오만함은 배우고 성장하는 데
얼마나 걸림돌이 되고 있는가?

MAR
15일

지금 이 순간의 삶에만
완전히 집중한다면 어떻게 될까?

| MAR
| 16일

이성을 제대로 인식하고
그 가치를 진정으로 느끼고 있는가?

| MAR
| 17일

타고난 본성에 걸맞은
올바른 선택을 하며 살아가는가?

MAR
18일

내가 버려야 할 잘못된 추측은 무엇인가?

대부분의 사람은 저마다의 자리에서
최선을 다해 살아가고 있다.

12주

가장 좋은 안식처

　언젠가 휴가를 가거나, 연차를 내거나, 대자연으로 여행하면 일상의 바쁜 스트레스에서 벗어나 평온을 찾으리라고 생각한다. 그러나 이런 계획은 생각만큼 흔히 있는 일은 아니다. 그리고 모처럼 평온을 찾더라도 다시 일상의 전선에 뛰어들면 그 평온함을 지켜내기가 쉽지 않다. 스토아 철학자에게 이런 일상은 어리석은 행동이다. 그들에게 진정한 안식처는 우리 자신의 마음과 영혼의 자유에 있다.

　우리 안에 이미 간직하고 있는 그 선물이 영원히 우리의 피난처가 되어준다는 사실을 깨달아야 한다. 바쁜 일상을 살아가더라도 날마다 시간을 내어 자기 안에 안식처를 마련해 평온한 삶을 살아가도록 노력해 보자.

우리는 시골이나 바닷가, 혹은 산속에서 혼자 조용히 쉴 수 있는 안식처를 열망하곤 한다. 하지만 그런 생각을 하는 것은 너무나 어리석은 짓이다. 우리는 원할 때마다 그 즉시 나 자신에게서 안식처를 찾을 수 있다. 자신의 영혼보다 더 평화롭고 여유로운 안식처는 어디에도 없다. 특히 마음을 깊이 살피며 평온한 삶을 살아가고자 한다면 나는 이곳만큼 조화로운 곳은 없다고 말할 것이다. 그러므로 끊임없이 자기 안에 안식처를 마련하고 늘 새롭게 하라.

-마르쿠스 아우렐리우스, 명상록, 4.3.1

부와 지위에 대한 욕구가 우리를 타락시키고 예속시킨다는 사실을 기억해야 한다. 평화, 휴식, 여행, 배움에 대한 욕구도 마찬가지다. 외적인 요소가 무엇이든 상관없다. 우리가 부여하는 가치로 인해 우리는 다른 것에 예속된다. 그러므로 마음이 가는 곳에 장애물이 놓여 있음을 명심하라.

-에픽테토스, 대화록, 4.4.1-2; 15

기억하라. 네 마음을 지배하는 이성은 스스로를 다잡고 스스로에게 의지할 때 그 누구도 정복할 수 없는 능력이 된다. 설령 그 입장이 불합리할지라도 스스로의 뜻을 거스르는 그 어떤 것도 행하지 않게 될 것이다. 하물며 그 판단이 신중하고 합리적이라면, 무엇이 그 이성을 이길 수 있겠는가? 정념에서 자유로운 이성은 어떤 것도 침범할 수 없는 요새와 같다. 인간에게 이보다 더 안전한 은신처는 없다.

-마르쿠스 아우렐리우스, 명상록, 8.48

MAR 19일

분노의 진짜 원인은 무엇인가?
외부의 일 때문인가, 판단 때문인가?

MAR 20일

내게는 역경을 이겨낼 신념이 있는가?

MAR 21일

먼 휴양지가 아닌 지금 이곳에서
마음의 안식을 찾고자 하는가?

MAR 22일

나는 정규교육과 진정한 배움을
혼동해 온 건 아닐까?

MAR 23일

탐욕과 악덕을
어떻게 다스릴 수 있을까?

MAR 24일

인생을 살아가며 깊이 공감하는
철학적 교훈은 무엇인가?

MAR
25일

욕망을 줄이고 더 많은 풍요와
자유를 얻는 삶을 살고 있는가?

진정한 안식처는 우리 자신의
마음과 영혼의 자유에 있다.

… 13주 …

나 자신으로 살아가기

타인에게 깊은 인상을 남기고 타인이 선망하는 사람이 되고자 하는 갈망이 인간의 본성이라면, 소셜 미디어가 생기기 전에 태어난 모든 세대는 운이 없었던 건지도 모른다. 오늘날 많은 사람은 소셜 미디어에서 넘쳐나는 수많은 정보의 물결에 휩쓸린다. 그 속에서 자신이 경험한 특별한 일, 시련을 이겨낸 일, 위험을 피한 일, 또는 성공을 이뤄낸 일 등으로 소셜 미디어를 가득 메우고 자랑하고 싶어 한다. 이런 갈망은 우리의 삶을 매우 지치게 하는 일이다.

수 세기 전, 우리와 마찬가지로 이런 자만과 자아도취에 빠졌던 제자들에게 에픽테토스는 이것이 매우 순수하지 못한 태도임을 상기시켰다. 자만과 자아도취에 빠지면 삶의 목적이 없어지며, 정신은 혼란스럽고 지친다는 사실을 에픽테토스는 충고했다. 세네카도 타인으로부터 인정받으려는 행위를 삶의 불명예 중 하나라고 여겼다.

이번 주는 자만과 자아도취라는 충동을 경계하고, 스마트폰과 새로운 정보에 눈을 떼지 못하는 삶이 정말 우리에게 필요한 일인지를 깊이 생각해 보자. 그리고 자신에게 이런 질문을 던져보자. "나는 이런 사람이 되고 싶은가?", "과연 이런 행동이 현명한 일인가?"

만약 누군가에게 잘 보이기 위해 통제할 수 없는 일에 뜻을 쏟게 된다면, 그 순간 우리는 이미 삶의 방향을 잃은 것이다. 그러지 말고 우리가 할 수 있는 영역에서 철학자가 되는 것에 만족하자. 다른 사람에게 철학자처럼 보이기를 바란다면, 먼저 스스로에게 그렇게 보이도록 하자. 그러면 다른 사람들도 우리를 철학자로 생각하게 될 것이다.

-에픽테토스, 엥케이리디온, 23

사람들 앞에서 당신의 업적이나 모험을 주절주절 늘어놓지 말라. 자신의 모험을 이야기하는 것이 당신에게는 즐거울지 몰라도, 그 이야기를 듣는 다른 사람들은 당신만큼 즐거워하지 않는다.

-에픽테토스, 엥케이리디온, 33.14

늙은 나이에도 법정으로 나와서, 알려지지 않은 소송 당사자의 호소와 무지한 청중들의 동의를 끌어내기 위해 마지막 숨을 몰아쉬는 저 변호인은 얼마나 불명예스러운가!

-세네카, 삶의 덧없음에 대해, 20.2

MAR
26일

나는 끊임없이 스스로를
이성적으로 살펴보고 있는가?

MAR
27일

귀한 것을 너무 쉽게 내어주고 있지는 않은가?

MAR
28일

위기에 잘 대처할 수 있도록
계획을 세우고 있는가?

MAR
29일

나는 왜 사람들에게 좋은 인상을 남기려고
그토록 신경을 쓰는가?

MAR 30일

이성의 지배를 받지 않을 때
나는 어떤 행동을 하는가?

MAR 31일

오늘 불가능한 것을 좇으려는 행위를
하지 않을 수 있는가?

APR
1일

어떤 생각들로 내 세상을 물들이고 있는가?

자만과 자아도취에 빠지면
삶의 목적이 없어진다.

두 번째 지혜

불안과 두려움 흘려보내기

인간은 다가오지 않은 일을 미리 준비하고 계획하는 존재지만, 그 능력이 지나치면 오히려 자신을 소진시키게 된다. 그때 느끼는 불안과 두려움은 실제 일어난 '현실'이 아니라 우리의 '판단'이 만들어낸 것이다. 그러니 자기감정과 정념을 제대로 붙잡고 있다면 감정의 소용돌이가 휘몰아쳐도 동요하지 않는 평정심을 유지할 수 있다. 이번 장의 지혜는 우리의 마음을 붙잡고, 내면의 중심을 세워 스스로를 지키는 삶으로 이끌 것이다.

14주

어떤 일이든 일어날 수 있다

앞으로의 일이 잘못될 것이라 생각하고 미래를 낙관하려고 하지 않는 사람을 우리는 '비관주의자'라고 칭한다. 어떤 이들은 나쁜 생각이 나쁜 일들을 끌어당길 수 있다고 생각한다. 스토아 철학자들은 이런 생각이 터무니없다는 것을 알았다. 이들은 오히려 최악의 상황에 대한 예상을 실천하라고 했다. 다시 말하면 '최악의 시나리오'를 깊이 생각해 보는 행동을 장려한 것이다.

마르쿠스 아우렐리우스는 궁정에서 쉽게 목도할 수 있는 온갖 추악함에 대해 생각하며 하루를 시작했다. 그런 추악함에 분노하기 위함이 아니라, 정확히 반대로 행동하기 위해서였다. 그는 거기에 반응하지 않고 적절한 방식으로 행동할 준비를 하도록 마음을 가라앉힌 다음 자신에게 집중했다. 세네카도 흔히 일어나는 일뿐 아니라 앞으로 일어날 수 있는 일에 대해 미리 곰곰이 생각하는 습관을 들였다. 에픽테토스는 사랑하는 사람에게 입맞춤할 때마다 그 사람을 잃을 수도 있다고 상상하기도 했다. 스토아 철학자는 우리가 소유하는 모든 것이 행운의 여신으로부터 잠시 빌렸을 뿐이라고 생각했다. 이들은 또한 부정적 시각화를 통해 예상하지 못한 일을 자각할 수 있으며, 이런 사고를 회피해서는 안 된다고 확신했다.

아침에 일어나면 가장 먼저 자신에게 이렇게 말하라. 오늘도 나는 남의 일에 간섭하기 좋아하는 사람, 배은망덕한 사람, 제멋대로 교만하게 행동하는 사람, 남을 속이는 사람, 질투심이 많고 성미가 괴팍한 사람을 만나게 될 것이다. 하지만 그들이 그런 짓을 저지르는 것은 선과 악이 무엇인지 알지 못하기 때문이다. 나는 선의 아름다움과 악의 추악함을 이해하고 있기에, 그들이 비록 잘못을 저지를지라도 그들의 본성은 나와 닮았다는 사실도 알고 있다. (…) 그러므로 내게 해악을 끼치거나 나를 부끄러운 짓으로 끌어들일 수 있는 이는 아무도 없다. 나도 내 동족인 그들에게 화를 내거나 미워할 수 없다. 우리는 서로 돕고 협력하기 위해 태어났기 때문이다.

-마르쿠스 아우렐리우스, 명상록, 2.1

예기치 않은 일은 재난의 무게를 더 무겁게 하고, 불시에 닥친 일은 언제나 사람의 고통을 크게 만든다. 그러므로 우리는 모든 일을 예상하고 있어야 한다. 모든 것에 미리 마음을 기울여, 자주 일어나는 일뿐만 아니라 갑작스럽게 일어나는 일들 모두를 고려해야만 한다. 운명의 여신은 마음만 먹으면 최고의 부귀영화를 누리는 자로부터도 많은 것을 빼앗지 않던가?

-세네카, 도덕에 관한 서한, 91.3a-4

APR
2일

주변의 극적인 사건에
마음을 뺏기지 않으려면 어떻게 해야 하는가?

APR
3일

내가 세운 목표가 각자 엇갈려서
오히려 서로 방해하고 있지는 않은가?

APR
4일

중요하지 않은 일에 무심할 수 있는
나만의 방법이 있을까?

APR
5일

나 자신의 편견과 선입관을
검증하지 않는다면 어떻게 되는가?

APR
6일

나는 당혹스러움을 느끼더라도
타인의 잘못을 무시할 수 있는가?

APR
7일

내 생각은 문제의 일부인가, 아니면 해결책인가?

APR
8일

잘못된 추측, 습관, 조언을
무심코 받아들이고 있지는 않은가?

모든 것은 행운의 여신으로부터
잠시 빌렸을 뿐이다.

15주

판단이 불안을 키운다

에픽테토스는 우리가 내리는 판단이 "불안한 마음의 원인"이라고 가르쳤다. 상황을 평가하는 판단 때문에 마음이 혼란스럽고 감정에 제약을 받는다는 뜻이다. 고대 스토아 철학자는 판단을 가리키는 말 중 하나를 '독단'이라고 했다. 스토아 철학의 실천은 이런 독단적인 생활 방식, 즉 '세상에 대해 판단하고 예상할 수 있다는 편견'을 멈추기 위한 끊임없는 노력으로 시작된다.

우리는 어떤 일에 대해 판단을 내리지 않음으로써 마음을 괴롭히지 않을 힘이 있다. 어떤 일이든 우리에게 판단하도록 강요할 수 있는 것은 없기 때문이다.

-마르쿠스 아우렐리우스, 명상록, 6.52

오늘 나는 온갖 괴로움으로부터 벗어났다. 아니, 그것들을 던져버렸다. 그것들은 외부에서 비롯된 게 아니라 나 자신의 판단으로 생겨났기 때문이다.

-마르쿠스 아우렐리우스, 명상록, 9.13

인간에게서 완전히 없애야 할 태도가 두 가지 있다. 바로 오만과 불신이다. 오만은 그 무엇도 필요하지 않다고 생각하는 것이며, 불신은 늘 바뀌는 상황에서는 행복이란 있을 수 없다고 가정하는 것이다.

-에픽테토스, 대화록, 3.14.8

자만심을 버려야 한다. 이미 알고 있다고 생각하는 사람이 새로이 배우는 일은 불가능하기 때문이다.

-에픽테토스, 대화록, 2.17.1

APR
9일

행동으로 옮기기 전에
이성적으로 생각하고 있는가?

APR
10일

미래에 대한 걱정에 사로잡힐 때
어떻게 빠져나오는가?

APR
11일

어떻게 하면 두려움과 근심에
굴복하지 않고 맞설 수 있는가?

APR
12일

짜증을 내서 상황이 더 좋아질 수 있는가?

APR
13일

'충동적으로 판단하지 않았다면…' 하고 후회하는 일이 있는가?

APR
14일

분노를 연료로 사용하며 삶을 살아간 적이 있는가?

APR
15일

중요하지 않은 일에 무심할 수 있는
나만의 방법이 있는가?

판단을 가리키는 말 중 하나는 '독단'이다.

16주

충동을 통제하라

나를 화나게 하는 일이 있다면, 그날 무슨 일이 있었고 누구 때문에 화가 났는지 등을 글로 옮겨보자. 그런 다음 자신에게 이렇게 질문하며 곰곰이 생각해 보자. '내가 무슨 말을 했지?', '내 기분은 어떠했지?', '그래서 상황이 더 좋아진 걸까, 아니면 더 나빠진 걸까?'

황제로서 마르쿠스 아우렐리우스는 많은 사람과 여러 이유로 화를 낼 일이 잦았다. 그에게는 사실상 최고의 권력과 권위가 있었지만 언제나 스스로를 이렇게 일깨웠다. "우리의 힘은 외부가 아닌 내면에 있다. 만약 이 사실을 깨닫는다면 우리는 진정한 힘을 찾게 될 것이다." 이와 같이 우리는 어떤 일이 일어나면 그 일을 통제하지 못한다. 그러나 그 결과로 생겨날 수 있는 충동은 스스로 통제할 수 있다.

에픽테토스는 이렇게 말했다. "우리가 동의하는 데 부족함이 없는지를 확인해야 하고, 욕망에 대해서도 특별한 주의를 기울여야 한다. 욕망은 적절히 제한받아야 하고, 공익을 위한 일이어야 하며, 실제 가치와 균형을 이룰 수 있어야 한다."

-마르쿠스 아우렐리우스, 명상록, 11.37

내가 무엇을 해도 행운이 따르는 때가 있었다. 하지만 운이 좋은 사람은 스스로에게 행운을 가져다주는 사람이다. 진정한 행운은 영혼의 선한 성향, 선한 충동, 선한 행동에 있기 때문이다.

-마르쿠스 아우렐리우스, 명상록, 5.36

이렇게 생각을 다잡아라. 당신은 이제 나이가 들었다. 더는 이런 것들에 얽매여 노예처럼 살지 않을 것이다. 어떤 이기적인 충동에도 꼭두각시처럼 이리저리 끌려다니지 않을 것이다. 그리고 지금의 처지를 원망하거나 다가오지 않은 미래를 두려워하는 일도 그만둘 것이다.

-마르쿠스 아우렐리우스, 명상록, 2.2

APR
16일

지금 내가 특별히
관심을 기울여야 할 일은 무엇인가?

APR
17일

사소한 일로 상처받았을 때
상처받았다는 생각을 버릴 수 있는가?

APR
18일

이런저런 일들에 대해 쉼 없이 생각하거나
판단을 내릴 필요가 있을까?

APR
19일

무슨 일이 생겨도 거기에 동요되지 않을
마음의 여유가 있는가?

APR
20일

이 세상에서 의심할 바 없이
가치 있는 미덕은 무엇인가?

APR
21일

얼마나 오랫동안 주의를 집중할 수 있는가?

APR 22일

나는 자기 인식, 자기반성, 자족적 결정을 하는
이성적인 사람인가?

우리의 힘은 외부가 아닌 내면에 있다.

17주

욕망 해체하기

언어는 그 사물에 가치를 부여한다. 광고에서는 우리가 먹고 마시고 입는 상품을 실제보다 더 좋아 보이도록 과장해 꾸미곤 한다. 로마 황제 마르쿠스 아우렐리우스는 식탁에 오르는 가장 좋은 팔레르노산 포도주를 마실 수 있더라도, 그 포도주는 포도로부터 짜낸 즙에 불과한 것이라고 생각하며 스스로를 다잡았다. 또한 마르쿠스는 황제로서 화려한 자주색 예복을 입은 유일한 로마인이었으나 그 예복이 조개껍데기에서 추출한 염료로 염색했을 뿐 다른 옷들과 다르지 않다는 점을 기억하려고 노력했다.

이처럼 우리도 우리가 누리고 싶어 하는 사치품이나 갈망하는 물건에 대해 조금은 경시하는 마음을 갖고, 욕망을 줄일 수 있도록 행동으로 옮겨보면 어떨까? 사치품을 꾸밈없이 사실 그대로 표현하고 그 실제 모습을 들여다볼 통찰력을 갖춘다면, 그 사치품이 우리에게 미치는 영향력은 정말 많이 줄어들 것이다.

우리 앞에 맛있는 요리들이 놓여 있을 때 이렇게 생각할 수 있다. '이 요리는 죽은 물고기고, 저 요리는 죽은 새나 돼지다. 그리고 여기 있는 향기로운 포도주는 한 다발의 포도에서 즙을 낸 것이고, 저기 있는 화려한 자주색 예복은 조개껍데기에서 추출한 염료로 양털을 염색한 옷일 뿐이다.' 남녀의 육체관계에 대해서도 그저 내밀한 부분의 마찰로 인한 분비물이 배출되는 행동이라고 생각할 수 있다. 인간의 인식은 이런 방식으로 실제 사건을 포착하고 꿰뚫을 수 있어서, 우리는 그 사건의 실제 모습을 들여다볼 수 있다.

-마르쿠스 아우렐리우스, 명상록, 6.13

어떤 일에 대해 분개하고 증오했던 자들, 또는 성공이나 불운이나 사악한 행위로 인해 여러 사람의 주목을 받은 자들을 떠올려 보라. 그리고 그들이 모두 어떻게 되었는지 스스로에게 물어보라. 그들은 모두 연기나 재처럼 사라져 버렸거나 덧없는 옛이야기가 되었다.

-마르쿠스 아우렐리우스, 명상록, 12.27

당신은 포도주를 비롯한 온갖 종류의 술맛을 이미 잘 알고 있다. 하지만 백 통이든 수천 통이든 당신의 방광을 지나갔다는 의미에서 그것들이 무슨 차이가 있는가. 우리는 그저 술을 걸러내는 자루였을 뿐이다.

-세네카, 도덕에 관한 서한, 77.16

APR
23일

인간의 이성을 중요하게 생각하고 있는가?

APR
24일

외관이 아닌 실제 가치를 들여다볼 수 있는가?

APR
25일

내 생각과 행동이 잘못되었다고 지적받으면
기꺼이 받아들일 것인가?

APR
26일

경쟁 상대로부터 배울 자세가 되어 있는가?

APR
27일

행복해지기 위해 갖춰야 할 조건이
무엇이라고 생각하는가?

APR
28일

강요를 따르는 삶을 살고 있는가,
강요를 거절하는 삶을 살고 있는가?

APR
29일

무한한 우주의 별을 바라보면 어떤 느낌이 드는가?

언어는 그 사물에 가치를 부여한다.

두려움의 해악

예상치 못한 상황에 부딪혔을 때 극심한 두려움에 사로잡혀서 상황이 나아진 경우가 있었는가? 세네카는 철학 에세이와 여러 편지에서 두려움의 문제를 자주 사색했다. 두려움은 위험을 초래할 뿐 아니라 능력을 효과적으로 발휘하지 못하게 한다. 또한 두려움은 성공을 거두거나 객관적으로 판단하지 못하게 한다. 더욱 나쁜 것은 두려움이 시간이 지날수록 우리를 점점 약하게 만든다는 점이다. 실제로 일어나지 않은 일로 쓸데없는 걱정만 앞세우게 되기 때문이다.

극심한 공포를 유발하는 두려운 일이 무엇인지, 그런 일이 왜 그토록 감당하기 힘든지에 대해 곰곰이 생각해 보자. 두려워한다고 상황이 나아지는 것도 아니니, 맹목적인 두려움을 떨쳐버리고 상황을 좀 더 덤덤하게 받아들이면 어떨까?

평화조차 더 많은 걱정거리를 만들어낼 수 있다. 마음이 한번 동요하기 시작하면 안전한 상황에서도 더는 안도감을 주지 못한다. 맹목적인 공황 상태가 습관이 되어버리면 마음은 스스로를 지키는 일도 불가능해진다. 그런 마음으로는 실제로 위험을 피하지 못한다. 단지 도망칠 뿐이다. 그러나 등을 돌리고 달아나면 더 큰 위험에 처하게 된다.

-세네카, 도덕에 관한 서한, 104.10b

재능이 하찮거나 부족한 사람도 성공할 수 있다. 그러나 위대한 사람만이 삶에 닥치는 엄청난 불행과 극심한 두려움에 맞서 이겨낼 수 있다.

-세네카, 섭리에 대해, 4.1

준비가 되어 있지 않은 사람은 매우 사소한 일에도 두려움에 사로잡힌다.

-세네카, 도덕에 관한 서한, 107.4

APR 30일

나는 아직 일어나지 않은 위험을 떠올리고
걱정하는 데 많은 시간을 보내는가?

MAY 1일

무엇의 노예로 살고 있는가?
탐욕의 노예인가, 두려움의 노예인가?

MAY
2일

빈둥거리는 시간을 더욱 의미 있고
만족스러운 일로 대체할 수 있는가?

MAY
3일

상황이 좋더라도 늘
두려움에 사로잡혀 있는가?

MAY
4일

오늘 일어나는 일에 나는 어떻게 반응할 것인가?

MAY
5일

나는 무엇에 지나치게 욕심을 부리고 있는가?

MAY
6일

철학자처럼 살아가려 하는가, 스스로를
통제하지 못하는 사람처럼 살아가려 하는가?

두려움은 우리를 점점 약하게 만든다.

삶은 습관으로 이루어져 있다

스토아 철학자는 더 나은 삶을 살기 위해 습관적인 행동을 개선하는 데 큰 비중을 두었다. 로마의 위대한 철학자 무소니우스 루푸스는 세상의 어떤 이론으로도 좋은 습관을 능가할 수 없으며, 나쁜 습관을 극복할 수도 없다고 주장했다. 무소니우스의 이런 가르침을 따른 에픽테토스도 분노와 같은 나쁜 습관을 강화하지 않고 더 좋은 습관으로 대신할 방법을 찾으려고 했다.

우리는 타인이 갖고 있는 나쁜 습관은 쉽게 인식한다. 그렇지만 자신이 갖고 있는 나쁜 습관은 잘 인식하지 못한다. 예컨대 주변 사람에게 매번 도움을 청하는 행동도 나쁜 습관이 될 수 있다. 이번 주에는 자신의 발전을 저해하는 반복적인 행동이나 나쁜 습관에 대해 성찰하는 시간을 가져 보자.

인간의 모든 습관과 역량은 행동과 연결될 때 강력해진다. 걸을 때 걸음걸이가, 달릴 때 달리기 능력이 향상되는 것처럼 말이다. 그러므로 당신이 어떤 습관을 만들려고 한다면 그에 맞는 행동을 해야 한다. 또 어떤 습관을 원하지 않는다면 그 행동을 하지 말아야 한다. 그러면 우리는 좋은 습관을 들이고 나쁜 습관을 버릴 수 있다. 이와 똑같은 원칙이 마음에도 적용된다. 화를 내면 당신은 분노의 감정을 경험할 뿐만 아니라 거기에 기름을 끼얹어 나쁜 습관까지 강화하는 것이다.

-에픽테토스, 대화록, 2.18.1-5

쉽게 화를 내는 사람이 되고 싶지 않다면, 화내는 습관을 들이지 말라. 차분하게 첫 발걸음을 내딛고 화를 내지 않은 날들을 헤아려 보라. 나도 매일 화를 내곤 했지만, 이제는 하루걸러 화를 내고, 그다음은 사나흘 간격으로 낸다. (…) 만약 당신이 한 달 동안 그렇게 할 수 있다면 신에게 감사하라. 습관이란 처음에 약해지다가 그다음엔 완전히 사라진다. 당신이 오늘이나 다음날, 또는 서너 달 동안 화를 내지 않고 어떤 자극에도 침착성을 잃지 않는다면 당신은 더욱 건강해질 것이다.

-에픽테토스, 대화록, 2.18.11b-14

나쁜 습관을 버리기 위해서는 어떻게 하면 될까? 그 반대로 실천하면 된다.

-에픽테토스, 대화록, 1.27.4

MAY 7일

오늘 내 마음속에서 찾을 수 있는 좋은 것은 무엇인가?

MAY 8일

나 자신의 선택에서 비롯된 나쁜 일은 무엇인가?

MAY 9일

없애고 싶은 나쁜 습관이 있는가?

MAY 10일

오늘 할 수 있는 용감한 일은 무엇인가?

MAY
11일

나의 자제력이 부족할 때 어떤 문제가 생기는가?

MAY
12일

무슨 일이 있어도 친절하게 반응한다면
어떤 일이 일어날까?

MAY
13일

내가 강화하고 있는 나쁜 습관은 무엇인가?

세상의 어떤 이론으로도 좋은 습관을 능가할 수 없으며,
나쁜 습관을 극복할 수도 없다.

20주

주어진 삶에 감사하기

　삶에서 소유하지 못하고 놓친 일들에 대해 불평하기가 쉽다. 그래서 이미 많이 소유하고 있는 것에 감사하기가 훨씬 더 어렵다. 세네카는 행복에 필요한 모든 재료는 바로 우리 앞에 놓여 있다고 충고했다. 그는 또한 우리가 놓쳤다고 생각하는 사치품에 관심을 두는 일은 그 자체로 큰 대가를 치를 거라고 경고했다. 이미 소유한 것을 희생시키고 있기 때문이다. 마르쿠스 아우렐리우스도 이에 동의했다. 그는 삶에서 지금 이 순간을 누리는 행복을 생각해 보고, 그 행복이 없다면 삶이 어떠할지 그리고 우리가 얼마나 많은 삶의 소중함을 놓치고 있는지를 되돌아볼 것을 스스로 일깨우고자 했다.

　지금 우리가 누리는 행복을 나열해 보고, 운 좋게 소유하고 즐길 수 있는 것이 무엇인지 깊이 있게 생각해 보자. 그러면 에픽테토스가 주장했듯이 우리는 그 행복이 어디에서 왔는지를 명확히 알 수 있고, 또 그것에 감사하는 마음을 느낄 수 있을 것이다.

당신이 갖고 있지 않은 것을 이미 갖고 있는 듯이 생각하지 말라. 하지만 당신이 갖고 있는 가장 좋은 것을 헤아리며, 만약 그것이 없었다면 얼마나 갈망했을지를 생각하라. 그러나 나중에 그것을 잃게 되었을 때 속을 태울 정도로는 가치를 두지 않도록 유의하라.

-마르쿠스 아우렐리우스, 명상록, 7.27

우주의 창조자는 우리에게 삶의 법칙을 부여하여 올바르게 살도록 했다. 사치와 쾌락에 빠져 살라고 하지 않았다. 행복에 필요한 모든 것은 바로 우리 앞에 놓여 있지만, 사치와 쾌락에 빠진 삶은 불행과 걱정만 늘어나게 할 뿐이다. 그러니 우리는 자연이 준 이 선물을 가장 위대하게 여기며 사용해야 한다.

-세네카, 도덕에 관한 서한, 119.15b

우리가 두 가지 능력을 갖추었다면 무슨 일이 일어나더라도 섭리를 쉽게 예찬할 수 있을 것이다. 바로 실제로 무슨 일이 일어나는지를 정확히 바라보는 완벽한 시각과 감사하는 마음을 갖는 능력이다. 감사하는 마음이 없다면 무엇을 볼 것이며, 볼 수 없다면 또 무엇에 감사할 것인가?

-에픽테토스, 대화록, 1.6.1-2

MAY 14일

결과가 아니라 실천 속에서 행복을 찾고 있는가?

MAY 15일

떠올리기만 해도
감사를 느끼는 일들이 있는가?

MAY
16일

좋은 습관을 들이기 위해
어떤 노력을 하고 있는가?

MAY
17일

자신을 수양하는 여정을 끊임없이 밟고 있는가?

MAY
18일

지금 내 앞에 주어진 상황에 감사를 느끼는가?

MAY
19일

어떨 때 내가 옳다고 여기는 일과
정반대의 행동을 하는가?

MAY
20일

내가 삶에서 뿌린 씨앗은 무엇이며
그 씨앗은 무엇으로 자랄 것인가?

행복에 필요한 모든 재료는
바로 우리 앞에 놓여 있다.

21주

진정한 즐거움 추구하기

　　스토아 철학자는 기쁨이나 즐거움을 일상에서 실천할 가치가 있는 좋은 열정 중 하나라고 생각했다. 그러나 그들이 생각하는 즐거움은 정신적·물질적 쾌락에 대한 것이 아니다. 마르쿠스에게 즐거움은 타인에게 친절을 베푸는 일이었다. 세네카에게 즐거움은 고통과 죽음의 두려움에서 벗어나는 일이었다.

　　"데모크리토스처럼 웃는 것이 더 인간적"이라는 세네카의 말처럼, 우리도 즐거운 마음으로 인간적이고 보람 있는 일에 몰두하면 어떨까? 우리가 어디에서 기쁨을 찾을 수 있는지 또 즐겁게 할 수 있는 좋은 일이 무엇인지를 곰곰이 생각해 보자.

인간은 올바른 일을 할 때 기쁨을 얻는다. 올바른 일은 다음과 같은 것으로 이루어져 있다. 타인에게 친절을 베푸는 것, 감각에 마음이 흔들리지 않도록 하는 것, 외적으로 드러나는 인상의 참된 가치를 분별하는 것, 자연의 질서와 그에 따라 일어나는 모든 일에 대해 고찰하는 것이다.

-마르쿠스 아우렐리우스, 명상록, 8.26

참다운 기쁨이란 결코 가벼운 감정이 아니다. 가벼운 말로 죽음을 묵살할 수 있다고 생각하는가? 또는 가난의 길을 기꺼이 맞이하고 쾌락의 삶을 절제하고, 고통을 묵묵히 견디는 행위가 그저 명랑한 기분으로 쉽게 할 수 있는 일이라고 생각하는가? 이런 생각을 스스럼없이 마주할 수 있는 사람만이 진정한 기쁨을 알고 있는 사람이다. 하지만 그런 사람은 겉으로 보기엔 그리 유쾌해 보이지 않을 수도 있다. 이 기쁨을 당신이 얻을 수 있기를 바란다. 이런 기쁨은 한번 찾아내기만 하면 절대 마르지 않는 샘처럼 평생 당신을 지탱해 줄 것이다.

-세네카, 도덕에 관한 서한, 23.4

헤리클레이토스는 대중 앞으로 나설 때마다 눈물을 흘렸고, 데모크리토스는 늘 웃었다. 한 사람은 세상을 비극의 연속으로 보았고, 다른 사람은 우스운 어리석음의 극장으로 여겼다. 따라서 우리는 모든 것을 너무 무겁게 받아들이기보다, 좀 더 가벼운 마음으로 살아가야 한다. 삶을 한탄하는 것보다는 웃으며 받아들이는 것, 그것이 더 인간다운 태도다.

-세네카, 마음의 평정에 대해, 15.2

MAY 21일

만약 내가 격투기 선수라면, 결정타를 맞고도
포기하지 않고 계속 맞설 수 있는가?

MAY 22일

지금 당장 좋은 사람이 될 수 있는가?

MAY
23일

지금 당장 올바른 삶을 시작할 수 있는가?

MAY
24일

어떻게 스스로 행운을 만들어갈 것인가?

MAY 25일

따뜻한 친절이나 이타적인 행동이
내게 진정한 기쁨을 주었는가?

MAY 26일

만약 내가 남의 평가에 마음을 두지 않는다면
무엇이 달라질까?

MAY
27일

내가 집착하고 있는 사소한 문제는 무엇인가?

인간은 올바른 일을 할 때 기쁨을 얻는다.

22주

하늘의 시선으로 바라본다면

일상의 근심이나 사소한 걱정에서 벗어나기 위해서는 잠깐 시간을 내어 '하늘의 시선으로 바라보기'를 할 필요가 있다. 이는 마르쿠스 아우렐리우스가 규칙적으로 실천하고자 한 행동이다. 마르쿠스는 이런 실천을 고대 그리스의 철학자 헤라클레이토스로부터 배웠다. 헤라클레이토스는 세상의 모든 것이 끊임없이 변화하고 있다는 생각을 받아들이면 많은 스트레스와 근심을 없앨 수 있다고 주장했다.

이와 같이 삶에서 다루어야 하는 일을 바로 가까이에서 살펴보려 하지 말고 그런 일을 멀리서 바라보도록 노력해 보자. 우리의 문제나 근심이나 강박관념을 더 큰 관점으로 보면 우리에게 어떤 모습으로 다가오는지를 살펴보자.

플라톤의 이 말은 얼마나 훌륭한가. "사람에 대해 이야기하고 싶다면 하늘을 나는 새와 같은 시선으로 세상의 모든 것을 한 번에 내려다보아야 한다. 군중, 군대, 농장, 결혼과 이혼, 탄생과 죽음, 소란스러운 법정, 적막한 광야, 각양각색의 외국인들, 축제, 장례식, 시장, 그리고 이 모든 상반된 것들이 뒤섞이고 결합되어 하나의 통일된 질서를 이루는 것을 바라보라."

-마르쿠스 아우렐리우스, 명상록, 7.48

별들의 운행을 관찰하고 우리 자신이 그 별들과 함께 움직이고 있다고 상상하라. 그 요소들이 서로에게 어떤 변화를 일으키는지 끊임없이 사색하라. 그런 사색을 함으로써 세상을 살아가다 묻든 더러움을 씻을 수 있다.

-마르쿠스 아우렐리우스, 명상록, 7.47

만물을 포함한 세계의 질서는 신이나 인간에 의해 만들어지지 않았으며 늘 존재했고 앞으로도 늘 존재할 것이다. 그건 적절하게 불타오르기도 하고 적절하게 꺼져가기도 하는 영원히 살아 있는 불이다.

-헤라클레이토스, 알렉산드리아의
클레멘트(Clement of Alexandria)의 말에서 인용

MAY 28일

중요한 결정을 내리기 전에
신중히 생각해 보아야 할 것은 무엇인가?

MAY 29일

내 마음에 양식이 되는 일은 무엇인가?

MAY
30일

옳은 목표를 위해 눈코 뜰 새 없이
바쁘게, 열심히 일하고 있는가?

MAY
31일

선한 사람이 되고자 그에 걸맞은
좋은 일을 실천하고 있는가?

JUN
1일

어떤 일이 잘못되었을 때 감정에 사로잡히지 않고 계획을 바로잡을 수 있는가?

JUN
2일

나무만 보고 숲을 보지 못한 우를 범한 적이 있는가?

JUN
3일

계획이 무너졌을 때를 위한
두 번째 대책까지 갖추고 있는가?

세상 모든 것이 끊임없이 변화하고 있다는
생각을 받아들이면 많은 스트레스와 근심을 없앨 수 있다.

23주

집중도 습관이다

　황제 마르쿠스 아우렐리우스는 자신이 웅장하고 위대한 역사의 한 부분임을 잘 알고 있었을 것이다. 또한 철학자로서 마르쿠스는 모든 사람이 각자의 삶과 거대한 역사를 통해 생동하는 변화의 흐름에 속해 있다는 사실도 잘 알고 있었다. 그래서 그는 자신도 그 변화의 흐름에서 벗어나지 않도록 스스로를 일깨우곤 했다. 황제는 자신의 길에서 벗어나 방향을 잃고 헤맬 때 이렇게 다짐하곤 했다. "자신의 철학으로 되돌아가라. 주의 집중을 방해하는 것에 굴복해서는 안 된다." 그는 그렇게 자신의 철학으로 되돌아가려고 끊임없이 노력했다.

　주의 집중은 마르쿠스가 에픽테토스의 가르침으로부터 배운 교훈이었다. 에픽테토스는 제자들에게 우리 중 누구도 완벽할 수 없지만, 우리가 있어야 할 곳에서 벗어나 표류한다면 주의 집중을 통해 스스로 방향을 잡을 수 있다고 말했다. 우리도 살면서 자신의 길에서 벗어나 방향을 잃고 헤맬 때가 있다. 그렇게 삶의 방향을 잃고 표류할 때마다 자신의 철학으로 되돌아가도록 주의를 집중하는 습관을 들여보자.

과거를 돌아보며 수많은 제국과 왕국의 흥망성쇠를 생각해 보라. 그러면 미래에 일어날 일들도 볼 수 있다. 현재의 변화에서 벗어날 수 없는 일들은 과거에 일어난 일들과 똑같을 것이고 또 미래에도 똑같을 것이다. 지난 40년 또는 영겁의 세월 동안 우리가 경험한 일이 무엇이든 모두 똑같다. 인생에서 더 볼 것이 무엇이겠는가?

-마르쿠스 아우렐리우스, 명상록, 7.49

주위 환경으로 인해서 마음이 혼란스러워질 수밖에 없게 되면 재빨리 마음을 가라앉혀야 한다. 필요 이상으로 불안과 혼란 속에 빠지지 않도록 하라. 끊임없이 차분한 마음으로 되돌아갈 수 있다면 주위 환경을 더 잘 다스리게 될 것이다.

-마르쿠스 아우렐리우스, 명상록, 6.11

주의 집중을 잠시라도 소홀히 하게 되면 원하는 때에 사실을 파악할 수 없게 된다. 오늘 저지른 실수가 어쩔 수 없이 더 나쁜 결과로 이어질 수 있다는 사실을 명심하라. (…) 실수로부터 자유로워질 수 있을까? 그럴 수는 없겠지만, 실수를 피하려고 늘 노력하는 사람이 될 수는 있다. 주의 집중을 소홀히 하지 않는다면 적어도 몇 가지 실수로부터는 자유로워지기 때문이다.

-에픽테토스, 대화록, 4.12.1; 19

JUN 4일

시간을 쉽게 흘려보낼 때
잃는 것은 무엇인가?

JUN 5일

존엄하게, 그리고 용기 있게 살고 있는가?

JUN
6일

어떤 방해가 있어도 내 삶의 흐름을 잃지 않고
충실하게 살아갈 수 있는가?

JUN
7일

내게 주어진 시간에 감사하며 사는가?

JUN
8일

언제 죽더라도 미련이 남지 않는 삶을 살고 있는가?

JUN
9일

오늘 조금 더 성장할 수 있는가?

JUN
10일

자신감을 쌓기 위해 어떤 노력을 하고 있는가?

자신의 철학으로 되돌아가라.

24주

올바른 손잡이를 선택하라

에픽테토스는 자신의 강의를 요약한 책, 『엥케이리디온』에서 어려운 일에 대한 결정을 내릴 때 사용하는 강력한 방법을 제시했다. 에픽테토스에 따르면 모든 상황에는 두 가지 해석, 다시 말해 두 개의 손잡이가 있다. 어떠한 상황에서 하나는 그 상황을 견딜 수 없게 하는 손잡이고, 다른 하나는 그 상황을 견딜 수 있게 하는 손잡이다. 예컨대 누군가가 내게 잘못을 저지르면 나는 화를 내는가, 아니면 타협점을 찾는가? 혹은 잘못된 것에만 집중하는가, 아니면 올바른 것이 무엇인지에 집중하는가? 우리 또한 자신이 보고 느끼는 모든 것에 대해 이런 질문을 스스로 던져보고 우리가 올바른 손잡이를 사용하고 있는지 확인해 보자.

모든 상황에는 두 개의 손잡이가 있다. 하나는 그 상황을 견딜 수 있게 해주는 손잡이이고, 다른 하나는 그 상황을 견딜 수 없게 만드는 손잡이다. 형제가 당신에게 잘못을 저질렀다면 그 사실에 집착하지 말라. 그러한 집착은 상황을 견딜 수 없게 만드는 손잡이다. 대신에 다른 손잡이를 잡아라. 당신이 형제와 함께 자랐다는 사실을 의미하는 손잡이를 잡았다면 상황을 견딜 수 있게 해주는 손잡이를 잡은 것이다.

-에픽테토스, 엥케이리디온, 43

아니, 두려움을 만들어내는 건 사건 그 자체다. 어떤 사람이 그 사건을 좌우할 수 있거나 방해할 권력을 가지게 되면 그 사람은 두려움을 불러일으키는 존재가 된다. 하지만 내면의 요새는 어떻게 파괴될까? 칼이나 불에 의해서가 아니라 오직 '판단'이 요새를 무너뜨린다. (…) 우리는 바로 그 지점에서 시작해야 한다. 내면의 요새를 되찾고 우리 안의 폭군 같은 생각들을 몰아내야 한다.

-에픽테토스, 대화록, 4.1.85-86; 87a

JUN 11일

분노하느라 이성을 잃은 적이 있는가?

JUN 12일

나는 어떤 상황에서도 적응할 수 있도록
마음을 훈련하고 있는가?

JUN
13일

삶이란 전쟁터에서 임무를 다하고 있는가,
태만을 부리고 있는가?

JUN
14일

어떻게 하면 잘못된 손잡이가 아닌
올바른 손잡이를 잡을 수 있는가?

JUN
15일

오늘 나는 말을 줄이고
더 많이 경청하는 사람이 될 수 있는가?

JUN
16일

어떤 문제로 도움이 필요하고,
또 누구에게 도움을 청할 수 있는가?

JUN 17일

내게 책임이 있는데도 우연이나
운명의 탓으로 돌리는 일이 있는가?

모든 상황에는 두 가지 해석,
다시 말해 두 개의 손잡이가 있다.

25주

산책의 힘

세네카는 우리가 야외로 나가 이곳저곳을 거니는 산책을 해야 한다고 생각했다. 일만 계속하는 삶은 우리의 정신을 망칠 수 있기 때문이다. 저술가로서 세네카는 소설가 헬렌 던모어가 "한참 산책을 하고 나면 글쓰기 문제는 저절로 명확하게 해결되곤 한다"라고 했던 말에 분명 동의했을 것이다.

이번 주는 기분 좋은 산책을 해보고 울적함과 무력함이 사라지는 것을 몸소 느껴보면 어떨까? 바쁜 일상에서 잠시 벗어나 산책을 하면서 주변의 풍경까지 즐겨보자. 아침이나 저녁마다 산책을 즐기며 사색하는 습관도 좋다. 산책한 후에는 활력 넘치는 마음으로 스토아 철학의 가르침에 따라 자신을 돌아보거나 일기를 써보자. 산책이 그저 잠시 휴식을 취하는 일이라고 생각할 수도 있지만, 산책 후에는 그 전보다 더욱 밝고 명쾌한 모습으로 바뀐 자신을 발견하게 될 것이다.

우리는 밖에 나가 거닐어야 한다. 탁 트인 하늘 아래서 신선한 공기를 마시고 마음이 기운을 차려 고양될 수 있도록 말이다.

-세네카, 마음의 평정에 대해, 17.8

이 짧은 시간을 자연에 순응하며 보내고 난 다음 우리의 마지막 안식처로 우아하게 떠나라. 올리브 열매가 다 익으면 자기를 낳아준 대지를 찬미하고 자기를 길러준 나무에 감사하는 것처럼, 기쁜 마음으로 떠나도록 하라.

-마르쿠스 아우렐리우스, 명상록, 4.48.2

마음에는 휴식이 필요하다. 충분한 휴식은 마음을 더욱 강하고 날카롭게 만들 수 있다. 휴지기 없이 끊임없이 경작하는 땅은 제아무리 비옥해도 빠르게 쇠하듯, 쉼 없는 노동은 활력을 앗아갈 것이다. 잠깐이라도 휴식을 취한 마음은 빠르게 회복한다. 그러나 쉼 없이 혹사당한 정신은 어리석고 연약해진다.

-세네카, 마음의 평정에 대해, 17.5

JUN
18일

오늘 나는 어떻게 하면
마음의 활력을 되찾을 수 있을까?

JUN
19일

좋아하는 산책길이 있는가?

JUN 20일

혼란스러운 일에 맞닥뜨리더라도
받아들일 준비가 되어 있는가?

JUN 21일

어떻게 하면 현재의 나에게
더 잘 집중할 수 있을까?

JUN 22일

오늘 스토아 철학의 가르침으로
삶의 어떤 치유책을 알아내었는가?

JUN 23일

행복을 얻기 위해 나만의 방식으로
현재의 삶을 살아가고 있는가?

JUN
24일

논란이나 말싸움이 문제 해결에 도움이 되는가?

일만 계속하는 삶은
우리의 정신을 망칠 수 있다.

26주

장애물은 도약을 위한 발판이다

　삶에서 장애물은 피할 수 없다. 우리 중에서 가장 운이 좋은 사람도 이런 현실에서 예외는 아니다. 그러나 스토아 철학에는 그런 현실을 극복할 힘이 있다. 스토아 철학은 앞으로 나아갈 길을 찾기 위해서라면 우리의 목적과 의도와 태도는 어떤 상황에도 적응할 수 있다는 가르침을 전한다.

　스토아 철학자는 이를 가리켜 '히펙사이레시스'라고 했다. 이는 필요할 때 다시 생각하고 새로운 행동 방침을 정할 수 있도록 해주는 일종의 '보류 조항'이나 '예외 조항'을 두고 행동하는 것을 의미한다. 이와 같은 태도는 목표를 성취하기 위한 보다 유연한 태도를 기르는 데 도움이 된다. 마르쿠스 아우렐리우스는 어떤 장애물이든 새로운 목적을 위한 발판이 될 수 있다고 했다. 우리가 삶에서 마주치는 장애물은 어떻게 새로운 길을 드러내 보이고 어떻게 우리의 길을 활짝 열어주게 될까?

누군가가 우리의 행동을 방해할 수 있다고 해도, 우리의 의도와 태도는 방해할 수 없다. 우리에게는 조건에 적응하고 유연하게 반응하는 힘이 있기 때문이다. 그런 우리의 마음은 어떤 장애물이든 성취를 향한 수단으로 적절하게 바꾸어놓을 수 있다. 그러므로 우리를 방해하는 행동은 결국 앞으로 나아가기 위한 행동으로 바뀐다. 길 위에 있는 장애물은 우리의 길을 열어주는 또 다른 길이 된다.

-마르쿠스 아우렐리우스, 명상록, 5.20

자연이 어떤 목적을 위해 자기를 방해하거나 거스르는 모든 것들에 대해 질서를 부여하고 자신의 편으로 끌어들이는 것처럼, 이성적인 인간인 우리도 모든 장애물을 자신의 목적을 위해 유용하게 바꿀 수 있다.

-마르쿠스 아우렐리우스, 명상록, 8.35

행동 하나하나로 자신의 삶을 만들어나가고, 각각의 행동으로 최선을 다해서 목표를 달성했다면 당신은 그 삶에 만족해야 한다. 누구도 그런 삶을 살아가는 당신을 막을 수는 없다. 외부로부터 어떤 장애물이 있을 수 있지만, 자제력을 갖고서 정의롭고 지혜롭게 행동한다면 장애물도 없앨 수 있다. 누군가가 내 행동의 어떤 부분을 좌절시키려고 할 수도 있다. 그런 경우에는 기꺼이 그 장애물을 받아들이고 주어진 상황에 주의를 기울여라. 그리고 즉시 삶을 이루어나가는 데 더 적합한 다른 행동으로 대체하라.

-마르쿠스 아우렐리우스, 명상록, 8.32

JUN 25일

나는 내가 원하는 일만 기대하는가,
실제로 가능한 일을 기대하는가?

JUN 26일

내가 늘 실패하는 결심은 무엇인가?

JUN
27일

크고 작은 역경에 부딪히면
어떻게 반응하고 대처할 것인가?

JUN
28일

내가 하지 말아야 할 자책은 무엇인가?

JUN 29일 내가 하지 말아야 할 변명은 무엇인가?

JUN 30일 어떻게 하면 장애물을 기회로 사용할 수 있을까?

JUL
1일

내가 마음에 새기고 있는 격언은 무엇인가?

삶에서 장애물을 만나는 일은 피할 수 없다.

세 번째 지혜

지금 행동하기

알면서도 실천하지 못하는 것, 그것이 언제나 삶의 중요한 문제다. 철학은 생각을 위한 것이 아니라 살아내기 위한 것이며 진정한 깨달음은 결국 행동으로 드러난다. 철학자 제논은 "사소한 일들을 실천하면 안녕을 이룩할 수 있다. 하지만 그렇게 얻은 안녕은 전혀 사소하지 않다"라고 말했다. 아무리 작더라도 '지금 당장 할 수 있는 일'을 찾아내고, 망설이는 시간을 줄이고, 실천을 습관으로 만드는 구체적인 훈련법을 이번 장에서 만나보자.

27주

선한 의지 지켜내기

에픽테토스의 스승 중 한 사람인 무소니우스 루푸스는 모든 사람이 선량함을 갖고 태어나거나 선천적으로 미덕을 추구하는 성향을 지니고 있다고 가르쳤다. 선량함을 드러낼 것인지 아닌지는 우리의 선택에 달려 있다. 때로는 의도적으로 나쁜 일을 저지르는 사람도 있지만 우리는 근본적으로 나쁜 존재가 아니다. 그래서 스토아 철학은 본성에 있는 선량함을 일깨워 주고 선한 의지를 지켜낼 수 있도록 이끌어준다. 이번 주는 우리가 선한 의지를 드러낼 선택을 할 수 있는지, 또 그렇게 함으로써 선한 행동을 실천으로 옮길 수 있는지에 대해 성찰하는 시간을 가져보자.

무엇을 하든지 당신만의 선한 의지를 지키는 것이 중요하다. 그 외의 것들은 이성적으로 활용할 수 있는 범위 안에서 받아들이되 지나치게 기대하거나 의존하지 말라. 이 원칙을 지키지 않으면 우리는 불행해지고 실패하기 쉬워지며 끊임없는 방해와 좌절을 겪게 될 것이다.

-에픽테토스, 대화록, 4.3.11

자신의 내면을 깊이 탐구하라. 그 내면에는 선이 솟아나는 샘이 있다. 언제라도 선이 솟아나도록 하기 위해서는 끊임없이 그 샘을 파내야 한다.

-마르쿠스 아우렐리우스, 명상록, 7.59

JUL
2일

내가 회피하고 있는 어려운 선택은 무엇인가?

JUL
3일

살면서 의무를 행하지 않고
기회만 찾는다면 어떻게 될까?

JUL
4일

내면에서 미덕이 솟아나올 수 있도록
끊임없이 샘을 파고 있는가?

JUL
5일

나는 고결하고 훌륭하다고
생각하는 일을 실천하고 있는가?

JUL
6일

나는 정의로운 삶을 살고자 하는가?

JUL
7일

살면서 결단력과 인내력을
발휘했던 순간은 언제였는가?

JUL
8일

내가 회피하지 않고 감당해야 할
아픈 진실이나 실수는 무엇인가?

선량함을 드러낼 것인지 아닌지는
나의 선택에 달려 있다.

28주

선행의 대가

스토아 철학자는 선행 자체가 대가라고 생각했다. 올바른 일을 행하고 누군가가 그 일로 도움을 받은 것만으로도 만족스러운 행위라고 말이다. 선행을 할 때 다른 무언가를 바라지 말라는 마르쿠스 아우렐리우스의 조언처럼, 선행의 대가로 감사받길 바라거나 보답을 기대해서는 안 된다. 그런 기대는 욕심을 부리는 일이다. 어리석을 뿐 아니라 선행의 목적을 무시하는 일이다. 게다가 스스로에게도 실망감을 안겨준다.

만약 선행의 대가를 계산하려 한다면, 다른 시각으로 이렇게 생각해 보자. '우리는 얼마나 많은 사람에게 도움을 받았는가? 또 그 도움으로 얼마나 많이 빚지고 있는가?' 이처럼 우리는 다른 이가 우리에게 빚지고 있다는 생각을 버리고, 어떻게 하면 우리가 받은 은혜에 보답할 수 있는지를 고려해 보자.

첫 번째 유형의 사람은 타인에게 호의를 베풀면 즉시 그 호의를 되돌려 받기를 기대한다. 두 번째 유형은 즉각적인 보답을 바라지는 않지만, 타인에게 베푼 호의를 기억해 둔다. 세 번째 유형은 자신이 베푼 행동을 의식하지 않는다. 이들은 포도송이를 키워낸 포도나무, 경주를 끝낸 경주마, 사냥감을 쫓은 뒤의 사냥개, 꿀을 만들고 난 뒤의 꿀벌과 같다. 그와 같은 사람은 선행을 한 후 자신의 행위를 자랑하지 않는다. 포도나무가 때가 되면 또다시 포도송이를 맺듯이 그렇게 또 다른 선행으로 넘어간다.

-마르쿠스 아우렐리우스, 명상록, 5.6

당신이 선행을 하고 다른 사람이 그 선행으로 혜택을 받았다면, 그것으로 충분하다. 그런데도 왜 당신은 어리석은 자들처럼 선행에 대한 인정과 보답을 받고자 하는가?

-마르쿠스 아우렐리우스, 명상록, 7.73

JUL
9일

인간으로서 해야 할 일을 실천하고 있는가,
아니면 미루고 있는가?

JUL
10일

내면의 선량함을
내 자부심이라 말할 수 있는가?

JUL
11일

오늘 나 자신을 어떻게 개선할 것인가?

JUL
12일

나의 행동을 결정하는 삶의 원칙은 무엇인가?

JUL
13일

폭군의 길과 성군의 길 중
어떤 길을 걷고자 하는가?

JUL
14일

겸손한 사람이 되어가고 있는가,
그렇지 못한 사람이 되어가고 있는가?

JUL
15일

보상을 받지 않더라도
올바른 일을 할 수 있는가?

선행 자체가 대가다.

29주

매일 조금씩 발전하는 기쁨

　스토아 철학자는 끊임없이 앞으로 나아가는 과정이 삶이라고 생각했다. 그들은 완벽하게 태어나지 않았어도 노력과 헌신으로 하루하루 조금씩 더 나아질 수 있다고 확신했다. 에픽테토스가 소크라테스의 말을 인용했듯이 우리는 매일 조금씩 성장하는 일에서 기쁨을 느낄 수 있다. 마르쿠스 아우렐리우스는 책과 스승과 역사적인 본보기에서 열성적으로 조언을 구하고 끊임없이 배우며 더 나은 사람이 되려고 노력했다. 이번 주는 이러한 가르침을 토대로 어떻게 해야 매일 조금씩 나아지는 삶을 살 수 있는지 곰곰이 생각해 보자.

　세네카의 말처럼, 우리는 끊임없이 자신을 돌아보도록 노력하고 매일 반성해야 한다. 하루의 끝에서 자신을 되돌아본다면 어떤 점이 부족했는지를 더 잘 이해할 수 있다. 그리고 어떻게 하면 더 나아지고 성장할 수 있는지에 대해 확실한 깨달음을 얻을 수 있다. 더욱이 스스로를 평가하고 기록하는 일은 자기 마음을 살피고 반성하는 좋은 방법이다. 깊이 생각하고 반성할 때 우리는 진정으로 배우고 깨달을 수 있다.

끊임없이 자신을 돌아보도록 노력할 것이다. 하루를 반성하는 일만큼 유용한 행동은 없다. 인간이 스스로 삶을 돌아보지 않으면 사악해진다. 앞으로 무엇을 할 것인가에 대해 사색하라. 미래 계획은 과거로부터 물려받는다는 사실을 명심해야 한다.

-세네카, 도덕에 관한 서한, 83.2

나는 루스티쿠스로부터 책을 주의 깊게 읽는 법을 배웠고, 전체를 대충 이해하는 데 안주하지 말아야 한다는 것, 그리고 무언가를 유창하게 말하는 사람에게 섣불리 동의해서는 안 된다는 것을 배웠다.

-마르쿠스 아우렐리우스, 명상록, 1.7.3

그러나 소크라테스는 이렇게 말하지 않았는가? "어떤 이는 자기 농장을 개조하는 일에서 기쁨을 느끼고 또 어떤 이는 자기 말을 개량하는 데서 기쁨을 느끼듯이 나는 매일 자신을 향상하는 일에서 기쁨을 느낀다."

-에픽테토스, 대화록, 3.5.14

JUL 16일

내가 자제할 수 있는 나쁜 습관은 무엇인가?

JUL 17일

소유하는 돈이나 물질이
자신의 가치를 대신할 수 있는가?

JUL 18일

주어진 일에 완전히 집중하고 있는가?

JUL 19일

정말로 아끼고 가치를 두는 것은 무엇인가?

JUL 20일

오늘 나를 움직이게 한
생각이나 믿음은 무엇이었는가?

JUL 21일

매일 조금씩 발전하기 위해
지금 당장 무엇을 실천할 수 있는가?

JUL
22일

스스로를 평가하는 척도는 무엇인가?

완벽하게 태어나지 않았어도
하루하루 조금씩 더 나아질 수 있다.

30주

침묵의 힘

고대인들조차도 소문과 소식이 넘쳐나는 세상에 살고 있다고 생각했다. 우리도 날마다 전화, 문자 메시지, 전자 우편은 물론 하루 24시간 뉴스가 빗발치는 세상에 살고 있다. 온갖 정보의 업데이트, 급한 용무의 전화, 또는 최신 유행하는 자극적인 보도기사에 일일이 반응하는 대신 잠시 시간을 내어 스토아 철학자들이 현재의 목적과 의무에 집중하는 데 사용한 세 가지 방법을 새겨보자. 첫 번째는 무의미한 정보의 홍수를 멀리하는 것, 두 번째는 어떤 소식도 우리가 현재의 목적을 선택하여 집중하는 행위를 방해할 수 없음을 명심하는 것, 세 번째는 전해지는 내용에 긍정적이거나 부정적인 의견을 보탤 필요가 없다는 것이다.

당신은 왜 외부에서 일어나는 일에 휘둘리는가? 그럴 시간이 있으면 유익한 것을 배우는 일에 시간을 보내라. 쓸모없는 일에 이리저리 끌려다니는 행동을 멈추어라. 그런 후에도 또 다른 잘못을 저지르지 않도록 유의해야 한다. 아무런 삶의 목표도 없이 그저 자신의 충동과 생각대로 사느라 지쳐버리는 것도 어리석은 일이기 때문이다.

-마르쿠스 아우렐리우스, 명상록, 2.7

마음을 불안하게 하는 소식이 전해질 때마다, 그 소식이 우리의 합리적 선택과 관련이 없다는 것을 명심하라. 어느 누가 당신의 억측이나 욕망이 잘못되었다는 소식을 전하겠는가? 그런 일은 절대 일어날 수 없다! 그들은 누군가 죽었다는 소식을 전할 수는 있다. 그렇더라도 그것이 무슨 의미가 있겠는가?

-에픽테토스, 대화록, 3.18.1-2

당신이 받은 최초의 인상에서 전해지는 것 이상으로 생각하지 말라. 누군가 당신을 험담한다는 이야기를 들었다고 하자. 당신은 그 말만을 전해 들었을 뿐, 그 말로 해를 입은 것은 아니다 내가 아들이 병에 걸린 모습을 본다면, 그것이 내가 본 전부일 뿐 아들의 생명이 위태로운 모습을 본 것은 아니다. 그러므로 최초의 인상만 받아들여라. 머릿속에 어떤 것도 보태지 말라. 이것이 바로 아무 일도 일어나지 않게 하는 방법이다.

-마르쿠스 아우렐리우스, 명상록, 8.49

JUL 23일

실시간으로 쏟아지는 정보에
휘둘리지 않기 위해 무엇을 해야 할까?

JUL 24일

불쾌한 소식을 들었을 때
마음의 평정을 유지할 수 있는가?

JUL
25일

나는 고통에서 벗어나게 해줄 누군가를 기다리는가,
아니면 스스로를 구원하고자 하는가?

JUL
26일

어떤 불운이 닥쳐도 일상과
지금의 사고방식을 유지할 수 있는가?

JUL
27일

고통이 삶의 일부라는 것을 인정할 수 있는가?

JUL
28일

어떤 생각으로 오늘 하루를 물들이며 살았는가?

JUL
29일

어떻게 하면 스스로 중심을 찾을 수 있는가?

최초의 인상만 받아들여라.
머릿속에 어떤 것도 보태지 말라.

31주

불평불만 내려놓기

에픽테토스는 제자들에게 타인을 향한 비난과 불평을 멈추어야 한다고 자주 이야기했다. 그는 불평불만하지 않는 것이 삶의 방식을 개선하는 가장 중요한 척도 중 하나라고 여겼다. 남을 비난하는 일에 얼마나 많은 삶을 낭비하고 있는가? 불평으로 단 하나의 문제라도 해결한 적이 있었는가? 마르쿠스 아우렐리우스는 이렇게 말했다. "당신 자신을 탓하거나, 아니면 아무도 탓하지 말라."

불평하기보다는 건설적인 피드백을 하고 비난하기보다는 책임을 지는 사람이 되도록 노력해 보면 어떨까? 어떤 문제가 생겼다면 진짜 이유가 무엇인지 여유를 갖고 곰곰이 생각해 보자. 글이나 말, 어떤 방식으로든 불평으로 단 1분도 낭비하지 않도록 하자.

더는 신을 원망하지도 말고 누구도 탓하지 말라. 욕망을 완전히 통제해야 하며, 회피해야 할 대상을 이성적 선택의 범주 안으로 옮겨야 한다. 그리고 이제는 분노나 억울함, 질투, 후회 같은 감정에 휘둘리지 않도록 마음을 단련해야 한다.

-에픽테토스, 대화록, 3.22.13

합리적 선택만이 장애물이나 해로움을 없앨 수 있는 기준이 된다. 그렇기 때문에 그 어떤 것도 우리를 방해하거나 해를 입힐 수 없다. 만약 우리가 실패할 때마다 합리적 선택에 기대고, 오직 자신의 책임으로 여기며 편견만이 불안과 걱정의 원인이라는 사실을 마음에 새긴다면, 신께 맹세코 나는 우리가 진보할 수 있다고 확신한다.

-에픽테토스, 대화록, 3.19.2-3

하지만 만일 당신이 자기가 소유한 부분만을 가지려고 하고 자기가 소유하지 않은 부분은 타인이 가지고 있다고 생각한다면 누구의 강압도 받지 않을 것이다. 아무도 당신을 비난하거나 고소할 수 없다. 당신의 의지에 반하는 일은 없을 것이며 해롭게 하는 사람도 없을 것이다. 어떤 해로움도 당신에게 영향을 미칠 수 없기 때문이다.

-에픽테토스, 엠케이리디온, 1.3

JUL 30일

오늘 내가 해야 할 일에서
즐거움을 찾을 수 있는가?

JUL 31일

타인을 탓하지 않고 오늘 하루를 보낼 수 있는가?

AUG
1일

최근에 누군가를 위해 헌신한 적은 언제인가?

AUG
2일

내게 힘든 상황이 닥친다면 어떻게 견뎌낼 것인가?

AUG 3일

옳은 삶을 살기 위해
지금 최선을 다하고 있는가?

AUG 4일

어떻게 하면 감정을
헛되이 소모하지 않을 수 있는가?

AUG
5일

오늘 나는 평가하는 말을 줄이고
상대방 이야기에 귀 기울일 수 있는가?

당신 자신을 탓하거나,
아니면 아무도 탓하지 말라.

32주

작은 발걸음으로 충분하다

페니키아 상인이었던 키티온의 제논은 배가 난파된 후 아고라의 '채색된 기둥이 늘어선 주랑(스토아 포이킬레)'에서 철학을 가르치기 시작했다. 바로 그곳에서 스토아 학파가 시작되었다. 그는 행복이란 거대한 도약이 아니라 '작은 걸음의 결과'라고 말했다.

스토아 철학자는 인간이 완성될 수 있는 존재라고 믿었다. 하지만 그 잠재력을 실현하는 길에 얼마나 많은 장애물이 있는지도 잘 알고 있었다. 따라서 이 철학자들은 오늘날 많은 사람이 집착하는, 이른바 '엄청난 승리'나 '비약적인 발전' 같은 개념에 회의적인 태도를 보였다. 오히려 우리가 매일 조금씩이라도 꾸준히 나아가면서 일상의 의무에 집중하는 것을 더 중요하게 여겼다.

오늘 거둘 수 있는 작은 승리는 무엇인가? 이 결정과 저 선택으로 어떤 작은 진보를 이룰 수 있을까? 아주 사소한 발걸음이라도 그것에 만족하여 멈추지 말고 계속 앞으로 나아가자. 포기하지 말고.

자연이 당신에게 요구하는 일을 하라. 그것이 당신의 능력이라면 바로 그 일을 행하라. 다른 사람들이 어떻게 생각하는지를 알기 위해 주위를 둘러보지 말라. 플라톤의 『국가』 같은 완벽함을 기다리지 말라. 앞을 향해 내딛는 작은 발걸음에 만족하고 작은 결과에 감사하라.

-마르쿠스 아우렐리우스, 명상록, 9.29

우리가 추구하는 것을 포기하지 않으면 된다. 완벽하기를 바란다면 절망만 생길 뿐이니.

-에픽테토스, 대화록, 1.2.37b

행복은 작은 걸음으로 실현되지만, 그것은 결코 작지 않다.

-제논, 디오게네스의 강의에서 인용, 탁월한 철학자들의 삶, 7.1.26

AUG 6일

중요한 일을 이루기 위해 오늘 실천할 수 있는
가장 작은 행동은 무엇인가?

AUG 7일

완벽하게 하려는 마음이
나를 멈춰 세운 적은 없는가?

AUG 8일

나는 어려움을 겪더라도 견딜 수 있는
강인함을 키우고 있는가?

AUG 9일

상황을 객관적으로 관찰하되
지나치게 몰두하지 않을 수 있는가?

AUG 10일

주어진 환경에 불평하는 행위로
행복한 삶을 살 수 있는가?

AUG 11일

나쁜 습관을 고치고 좋은 습관을 기르며
내 삶을 개선하고 있는가?

AUG
12일

나는 스토아 철학을 나만의 철학으로
잘 응용하고 있는가?

행복이란 거대한 도약이 아니라
작은 걸음의 결과다.

33주

불필요한 일을 덜어내는 법

한 주 동안 어떤 말과 행동을 했는가? 중요하지 않은 모임에 얼굴을 비추고, 필요하지 않은 물건도 사고, 주변 사람과 갈등을 겪고, 무의미한 시간을 흘려보내기도 했을 것이다. 정말 필요한 일이었는가? 이런 불필요한 일들은 우리를 평온함과 삶의 목적에서 벗어나게 한다.

스토아 철학자는 수많은 유혹과 의무 앞에서 한 가지 질문으로 길을 낸다. 이들의 질문으로 자신을 성찰할 시간을 가져보면 어떨까? 말을 하기 전, 어떤 행동을 취하기 전, 지갑을 열기 전에 스스로에게 이렇게 물어보라. "이건 내가 꼭 해야 할 일인가?" 이처럼 단순한 질문 하나가 우리가 진정으로 집중해야 할 삶의 본질을 드러내 줄 것이다.

흔히 "마음의 평화를 원한다면, 적당히 바쁘게 지내라"라고 말한다. 하지만 더 나은 조언은 이것 아닐까? "이성적 존재로서, 공동체를 위해 살아가도록 만들어진 인간답게 해야 할 일을 하라. 그것을 제대로 해내라." 그렇게 하면 단지 '적게 하는 데서 오는 평온'이 아니라, '잘해냈다는 데서 오는 더 위대한 평온'을 얻게 되기 때문이다. 우리의 말과 행동 대부분은 불필요한 것들이다. 그것을 절제하면 오히려 여유와 고요가 넘치게 된다. 그러므로 언제나 자신에게 이렇게 물어야 한다. "이것은 정말 필요한 일인가?" 그리고 꼭 기억해야 할 것이 있다. 불필요한 행동만이 아니라 불필요한 생각도 함께 다스려야 한다는 사실이다. 그렇지 않으면, 쓸데없는 생각이 쓸데없는 행동을 끌고 따라올 것이다.

-마르쿠스 아우렐리우스, 명상록, 4.24

배를 타기도 전에 배가 난파당하고 말았다. (…) 그 여정은 나에게 이런 깨달음을 주었다. 우리가 소유한 것들 중 얼마나 많은 것이 불필요한가를, 그리고 그것을 버리기로 결심하는 일이 얼마나 쉬운가를. 그 어떤 상실의 고통도 없이 말이다.

-세네카, 도덕에 관한 서한, 87.1

AUG 13일

최근 충동적으로 물건을 구매한 적이 있는가?
무엇이 나의 소비 욕구를 자극했는가?

AUG 14일

오늘 나의 목표를 향해 나아가는 데
철학이 어떤 도움이 되는가?

AUG
15일

나는 현명하고 신중한 판단에 따라
결정을 내릴 수 있는가?

AUG
16일

내가 내뱉은 말 중 가장 후회되는 것은 무엇인가?

AUG 17일

내가 가진 것들 중 당장 버려도
전혀 아쉽지 않은, 불필요한 물건은 무엇일까?

AUG 18일

어떤 상황에서 내 강점을 더 잘 발휘할 수 있는가?

AUG 19일

내 삶에서 몰아내야 하는 불필요한 것들은 무엇인가?

단순한 질문 하나가 우리가 진정으로
집중해야 할 삶의 본질을 드러낸다.

상상 속의 두려움 내려놓기

우리는 너무도 자주 스스로를 미리 비참하게 만들곤 한다. 이런저런 두려움이나 절박한 갈망 때문이다. 오지도 않은 미래를 간절히 바라거나 위험을 피하려는 데에만 집중하는 일은 현재의 자신을 불행하게 만든다. 중기 스토아 철학자인 파나이티오스의 제자, 헤카톤은 인간의 불행이란 언제나 우리가 상상 속의 미래에 부여한 터무니없는 희망이나 근거 없는 두려움에 얽매일 때 비롯된다고 가르쳤다. 그래서 세네카는 미래에 대한 갈망과 두려움을 모두 삼가야 한다고 조언했다. 그렇게 하지 않으면 우리가 누릴 수 있는 현재를 잃어버리기 때문이다.

미래를 미리 생각하지 말고, 오직 현재에만 집중하도록 하자. 우리가 지금 당장 생각하고 행동으로 옮길 수 있는 일에 전념하자.

미래에 대해 걱정하고, 닥치지도 않은 불행을 미리 겪으며, 바라는 것이 끝까지 자기 소유가 되지 않을까 봐 근심에 잠기는 것은 영혼을 파멸로 이끈다. 그와 같은 영혼은 한시도 마음을 놓지 못할 것이다. 미래를 갈망함으로써 오히려 누릴 수 있는 현재를 잃어버리고 만다.

-세네카, 도덕에 관한 서한, 98.5b-6a

그러나 우리가 앞으로 일어날 모든 일을 두려워한다면 살아갈 이유마저 잃어버리고 끝없는 불행에 빠지게 될 것이다.

-세네카, 도덕에 관한 서한, 13.12b

헤카토는 "바라는 마음이 없으면 두려움도 없어질 것이다"라고 말했다. (…) 그러나 갈망과 두려움이라는 문제의 가장 큰 원인은 우리가 현재 상황에 적절하게 대응하지 않은 채, 생각만 너무 앞질러 가는 데에 있다.

-세네카, 도덕에 관한 서한, 5.7b-8

AUG 20일

나의 불안은 통제할 수 있는 것인가?

AUG 21일

아직 오지 않은 미래를 걱정하지 않고,
현재를 누리며 살고 있는가?

AUG 22일

시간과 에너지를 쏟지 말아야 할
사소한 일은 무엇인가?

AUG 23일

나는 어떤 문제 앞에서
필요 이상으로 걱정하는가?

AUG 24일

나의 타고난 강점은 무엇인가?
또 그 강점을 어떻게 활용하는가?

AUG 25일

지금 나의 상황에 전념하고 있는가?

AUG
26일

내게 손실이 생길 것이라고
미리 걱정하는 일은 무엇인가?

미래를 미리 생각하지 말고,
오직 현재에만 집중하자.

35주

시작하기 좋은 날은 오늘이다

 스토아 철학자는 미루는 버릇을 일종의 망상이나 권리의식에서 비롯한 것으로 여겼다. 지금 미루는 일을 일주일이나 한 달 후에 또 미루지 않으리라고 누가 장담하겠는가? 중요한 일이라면 미루지 말고 당장 실행하라고 스토아 철학자는 조언한다. 세네카가 말했듯이 끝내야 할 일이 있다면 용기를 갖고 신속하게 해내야 한다.

 미루기는 상황을 근심 없이 편안하게 해주는 것처럼 보이지만, 사실은 우리를 저속하면서도 고통스러운 불안 상태로 몰아간다. 한 주나 한 달을, 아니 남은 생을 그런 식으로 보내고 싶은가? 미루는 습관이 있다면 자신에게 이렇게 질문해 보자. 회피하고 있는 일은 무엇인가? 내일이 아니라 오늘 처리할 수 있는 일은 무엇인가? 지금 당장 용기를 갖고 뛰어들 수 있는 일은 무엇인가?

끝내야 할 일이 있다면 망설이지 말고 용기 있게, 신속하게 해내는 것이야말로 참된 미덕이다. 어리석음이란 무엇인가? 누구나 이렇게 말할 것이다. 우물쭈물하다가 마지못해 일을 떠맡는 행위, 혹은 마음으로는 의무를 느끼지만 몸은 하지 않으려 하는 식으로 내면이 서로 다른 방향으로 분열되어 괴로운 것이라고.

-세네카, 도덕에 관한 서한, 74.31b-32

이것이 바로 인격이 완성된 삶의 특징이다. 광분하지 않고, 나태하지 않으며, 가식도 없이 날마다 당신에게 주어진 마지막 순간처럼 살아가는 것이다.

-마르쿠스 아우렐리우스, 명상록, 7.69

당신에게 지금 일어나고 있는 일은 모두 자업자득이다. 오늘 선한 자로 살아가려고 하지 않고, 내일 선한 자가 되려고 하기 때문이다.

-마르쿠스 아우렐리우스, 명상록, 8.22

AUG 27일

오랫동안 마음속으로 결심만 하고,
정작 행동으로 옮기지 못한 일이 있는가?

AUG 28일

집착하지 말아야 할 사치는 무엇인가?

AUG
29일

오늘 나는 어떤 욕망을 떨쳐버릴 수 있는가?

AUG
30일

자신감과 용기를 갖고
오늘 해야 할 일을 완성할 수 있는가?

AUG 31일

누군가를 그릇된 길로 이끈 적이 있는가?

SEP 1일

운에 의존하지 않고
삶을 개척하기 위해 노력하고 있는가?

SEP
2일

나의 능력에 전념하고 있는가?

미루는 버릇은 일종의 망상이나
권리의식에서 비롯된다.

36주

혹한기 훈련

철학이라는 삶의 기술에는 배우고, 연습하고, 충분히 단련하는 세 단계의 훈련 과정이 있다. 예컨대 철학에 대해 읽는 일은 배움이다. 철학의 가르침을 실천하며 자신을 성찰하는 일은 연습이다. 그리고 남은 단계는 어떤 난관에도 극복할 수 있도록 충분히 단련하는 일이다.

에픽테토스는 제자들에게 철학을 가르칠 때 로마 군대의 군사훈련을 비유로 즐겨 사용하곤 했다. 로마 군대는 봄에 전장으로 다시 나갈 때 어떤 난관에도 극복할 수 있는 준비 태세를 갖추기 위해 전투가 없었던 겨울에 혹독한 훈련에 몰두했다.

세네카는 매달 의도적으로 평소보다 더 거친 환경에 자신을 노출시키며 단련하고자 했다. 그 또한 이 습관을 군대의 비유로 설명했다. 병사들이 적과 마주치기 전부터 고된 훈련을 받듯이, 미리 강해져야 실제 시련 앞에서 흔들리지 않는다는 것이다.

우리는 지금 어떤 불편함을 감수하고 어떤 익숙함에서 벗어나려 노력하고 있는가? 지금 하는 이 훈련이 미래의 어려움을 이겨낼 기반이 되어준다는 사실을 기억하자.

우리는 혹독한 겨울의 맹훈련을 견뎌내야 한다. 준비되지 않은 군인은 전쟁에 뛰어들 수 없기 때문이다.

-에픽테토스, 대화록, 1.2.32

당신의 의지가 얼마나 굳건한지 시험해 볼 수 있는 좋은 훈련이 있다. 일주일 동안 변변찮은 싸구려 음식만 먹고, 다 낡은 허름한 옷을 걸치고 살아보라. 그리고 이것이 정말로 당신이 두려워했던 최악의 상황인지 스스로에게 물어보라. 형편이 좋을 때야말로 더 어려운 상황을 대비할 기회다. 운명이 너그럽게 웃고 있는 동안, 우리는 그 미소가 언제 돌변하더라도 흔들리지 않도록 내면의 방어막을 세워야 한다. 마치 군인들이 전쟁이 없는 평화로운 시기에 훈련을 반복하듯이 말이다. 군인들은 적이 보이지 않아도 참호를 파고, 공격이 없어도 일부러 몸을 단련해 지치게 만든다. 그래야 진짜 위기가 닥쳤을 때 지쳐 쓰러지지 않기 때문이다.

-세네카, 도덕에 관한 서한, 18.5-6

어려운 도전에 부딪혔을 때는 이렇게 생각하라. 신이 우리를 단련시키기 위해 젊고 강한 파트너를 붙여준 것이라고 운동 코치가 실력을 끌어올리기 위해 그렇게 하듯 말이다. 그렇게 단련해야 하는 이유는 무엇일까? 땀을 흘리지 않고서는 올림픽에 참가할 수 없기 때문이다. 당신이 지금 마주한 도전보다 더 의미 있는 도전은 없다. 삶에서 힘들고 어려운 순간에 이런 생각을 잊지 않는다면, 이 세상에 당신 같은 도전자는 없을 것이다.

-에픽테토스, 대화록, 1.24.1-2

SEP
3일

다가올지도 모를 힘든 시기를 위해
나는 어떻게 대비하고 있는가?

SEP
4일

어떻게 하면 역경을 삶의
거름으로 삼을 수 있는가?

SEP
5일

삶을 단련하기 위해 내가 버려야 하는
헛된 희망은 무엇인가?

SEP
6일

자유를 잃는다면
내 자유의지까지 꺾이게 될까?

SEP
7일

오늘 나의 어떤 능력을 선택해
어떻게 사용할 것인가?

SEP
8일

어떤 예기치 않은 상황도
당당하게 받아들일 수 있는가?

SEP
9일

두려움을 통제하고 있는가,
아니면 두려움에 압도당하고 있는가?

당신이 지금 마주한 도전보다
더 의미 있는 도전은 없다.

37주

언제나 응답받는 기도

　흔히 무언가를 바라는 마음으로 기도할 때, 우리는 지금 주어진 역경에서 벗어나기를 간절히 기원한다. 예컨대 승진이나 사랑하는 사람의 빠른 쾌유 등 하늘이 우리가 원하는 일을 마법처럼 선물해 주기를 바란다. 그런데 스토아 철학자는 이런 기도를 멈추라고 권했다. 마르쿠스 아우렐리우스는 신에게 쾌락이나 안락함을 요구하는 대신 그런 기도가 필요하지 않도록 도와달라는 기도를 할 것을 스스로에게 거듭 일깨웠다. 그는 진정한 내적 강인함을 갖추도록 스스로 다짐한 것이다.

　스스로에게 이렇게 물어보자. 우리는 불운이 사라지기를 바라고, 늘 무언가를 열망하며, 신의 힘으로 삶에 마법이 일어나기를 원하고 있지는 않았는가? 마르쿠스처럼 우리도 자신이 할 수 있는 일을 제대로 해내는 내적 강인함을 스스로 확인할 수 있게 해달라고 기도하자. 그리고 그 결과 우리가 어떻게 달라지는지도 확인해 보자.

다른 방법으로 기도하고 어떤 일이 일어나는지를 보라. '그녀와 잠자리할 수 있는 방법'을 청하지 말고 '그녀와 잠자리하려는 갈망을 멈추는 법'을 청하라. '누군가를 제거할 방법'을 청하지 말고 '그의 파멸을 바라지 않을 방법'을 청하라. '우리 아이를 잃지 않는 방법'을 청하지 말고 '우리 아이를 잃으면 어쩌나 하는 두려움을 떨치는 방법'을 청하라.

-마르쿠스 아우렐리우스, 명상록, 9.40.(6)

우리는 전지전능한 신을 향해 애원한다. '신이시여, 어떻게 하면 이 괴로움에서 벗어날 수 있습니까?' 이런 생각은 어리석다. 우리는 손이 없는가? 아니면 신이 우리에게 양손을 주는 것을 잊었다고 생각하는가? 앉아서 콧물이 멈추길 기도할 텐가? 그러지 말고 그냥 코를 닦고 정신을 차리는 편이 낫다. 희생양을 찾는 짓을 그만두어라.

-에픽테토스, 대화록, 2.16.13

나는 한 번도 내 의지를 방해받은 적이 없고, 내 의지에 반하여 강제로 무엇을 하게 된 적도 없다. 어떻게 그런 일이 가능할까? 나는 나의 선택을 신의 뜻과 일치시키기로 결심했기 때문이다. 신의 의지로 내가 아프다면 나 역시 그 병을 기꺼이 받아들일 것이다. 신의 의지로 내가 무언가를 선택해야 한다면 나도 그 선택을 따를 것이다. 신의 의지로 내가 무언가를 갖게 되면 나는 그와 똑같은 것을 바랄 것이다. 그리고 신이 바라지 않는 것이라면 나 또한 그것을 원하지 않을 것이다.

-에픽테토스, 대화록, 4.1.89

SEP
10일

어떻게 하면 내가 두려워하는 힘든 상황에 대비할 수 있는가?

SEP
11일

내 일을 주도할 준비가 되었는가?

SEP
12일

어떻게 하면 스스로 자신감을 찾을 수 있겠는가?

SEP
13일

나의 영혼을 지켜주는
'내면의 성채'는 얼마나 튼튼한가?

SEP
14일

안락함을 바라는 기도를 하는가,
내적 강인함을 위한 기도를 하는가?

SEP
15일

나는 합리적인 선택을 하며
제약받지 않는 삶을 살아가고 있는가?

SEP 16일

고난 속에서도 목적지를 향해
묵묵히 걸어갈 수 있는 사람인가?

희생양을 찾는 짓을 그만두자.

38주

행동이 당신을 보여준다

　스토아 철학이라는 삶의 기술은 암기로 끝나는 가르침이나 공식이 아니다. 그건 매일 실천하며 다듬어야 하는 삶의 훈련이다. 에픽테토스는 강의실에서 듣거나 책에서 읽은 내용을 앵무새처럼 말로만 되풀이하지 말고 실천으로 옮길 것을 제자들에게 끊임없이 충고했다. 그는 말로만 하는 다짐보다, 눈으로 보이는 행동이 더 의미 있다는 사실을 잘 알고 있었다.
　이번 주는 우리가 실제로 해낸 일, 지금 하고 있는 일을 글로 남겨보자. 앞으로 무엇을 할 계획인지, 자신을 무엇이라 생각하는지는 잠시 내려놓고 말이다. 이 책은 당신이 해온 '좋은 행동'의 기록이 되어야 한다.

대개 많은 사람은 자신이 소화할 수 없는 사상은 즉시 뱉어버리고 싶어 한다. 마치 우리 위가 상한 음식을 먹었을 때처럼 말이다. 그러나 소화할 수 있다면 뱉지 않을 것이다. 우리를 위한 영양분이 될 테니까. 우리는 그 사상을 소화한 후에 합리적 선택을 어떻게 변화시켰는지 보여주어야 한다. 마치 운동선수의 어깨가 식습관과 훈련의 성과를 보여주듯이, 그리고 예술가의 공예가 능숙함을 보여주듯이 말이다.

-에퍼테토스, 대화록, 3.21 1-3

우선 당신이 누구인지 다른 사람이 알지 못하도록 단련하라. 잠시 동안 자신을 위해 사유하라. 계절에 맞춰 심어둔 씨앗이 조금씩 자라 완전한 과일이 되는 과정처럼 말이다. 줄기가 돋아 나오기 전에 흙을 파헤친다면 결코 열매를 맺을 수 없을 것이다. 우리는 완전한 과일을 맺는 유실수가 되어야 한다. 빨리 결실을 보려 하면 겨울이 우리를 죽일 수도 있다.

-에픽테토스, 대화록, 4.8.35b-37

SEP
17일

나는 품성과 행동이 일치하는가?

SEP
18일

나의 마음과 행동은
내 삶의 철학과 조화를 이루는가?

SEP
19일

나는 어떤 사람이 되고 싶은가?

SEP
20일

나는 말만 하는가,
아니면 행동으로 보여주는가?

SEP
21일

사치를 부리기보다 자선과 같은
가치 있는 일에 돈을 쓰고 있는가?

SEP
22일

끊임없이 배우며 완성해 나가고 싶은
삶의 과업이 있는가?

SEP
23일

인간의 탁월한 아름다움을 추구하고 있는가?

말로만 하는 다짐보다
눈으로 보이는 행동이 더 의미 있다.

39주

지금이 삶의 마지막인 것처럼

　삶에서 얻은 경험과 깨달음, 예상치 못한 어려움과 좌절, 작은 승리를 기록하기 위해 일기를 쓴다. 이것은 삶의 여정에서 자신이 얼마나 발전하고 있는지를 가늠하는 방법이다.
　로마의 곡물 저장고 장부를 관리했던 장인을 둔 세네카는 '삶의 대차대조표를 맞추어본다'라는 비유를 즐겨 썼다. 이는 매일매일 해내야 할 일을 미루지 말고 할 수 있는 한 오늘 안에 끝내려는 마음을 가져야 한다는 뜻이다. 왜냐하면 내일 무슨 일이 일어날지 우리는 결코 알 수 없기 때문이다. 에픽테토스 역시 올바른 삶을 완성하기 위해서는 일단 시작하는 것이 중요하다고 제자들에게 충고했다. 그는 더 나은 삶을 살아가기 위해 날마다 철학의 가르침을 부지런히 배우고 연습해야 한다고 말했다.
　우리도 이런 실천을 통해 계속 이어가고 있는 삶의 여정에서 자신에게 신뢰를 주면 어떨까? 그리고 지금까지 걸어온 길을 돌아보며 스스로 격려하고 얼마나 멀리 왔는지, 그리고 앞으로 나아가야 할 삶이 얼마나 남았는지를 되새겨 보자.

삶의 마지막이 다가온 것처럼 마음의 준비를 해두어야 한다. 그 어떤 것도 미루어서는 안 된다. 날마다 인생의 대차대조표에 균형을 맞추어라. 삶의 가장 큰 결함은, 늘 미완성이며 그 일부가 미뤄진다는 것이다. 하루하루를 삶의 마지막처럼 살아가는 자에게는 시간이 부족하지 않다.

-세네카, 도덕에 관한 서한, 101.7b-8a

곡물 시장의 대차대조표를 작성하는 일보다 자신의 삶에 대한 대차대조표를 만드는 일이 더 중요하다.

-세네카, 삶의 덧없음에 대해, 18.3b

스승으로서 나의 목표는 당신을 올바른 삶으로 완성시키는 일이다. 아무 방해도 받지 않고, 충동적인 행동으로부터 자유로우며, 강박과 수치심에서 벗어나 제약 없이 행동하며, 진정으로 행복하고 번영하는 존재. 그리고 작은 일이나 큰일 속에서도 신의 뜻을 바라볼 수 있도록 당신을 가르칠 것이다. 그런 상태에 이르기 위해 당신은 배우고, 꾸준히 실천하라. 당신이 올바른 목표를 지니고, 나 역시 올바른 준비와 의도를 갖추었다면 이 과업을 완성하지 못할 이유가 없다. 무엇을 놓칠 수 있겠는가? (…) 이것은 충분히 실현 가능한 일이고 무엇보다 우리가 통제할 수 있는 유일한 일이기도 하다. 지난 일은 잊어버려라. 이제 시작하기만 하면 된다. 나를 믿어라. 그렇게만 하면 진정으로 삶이 달라질 것이다.

-에픽테토스, 대화록, 2.19.29-34

SEP
24일

나를 짓누르는 불안 중에서
더 이상 붙들지 않아도 되는 것은 무엇인가?

SEP
25일

어떤 사소한 비교로
자신을 괴롭히고 있는가?

SEP
26일

소신 있게 말하지 못하고 마음속에 남아
후회되는 말은 무엇인가?

SEP
27일

어떻게 하면 마음이 덜 흔들리고
불평도 덜 할 수 있을까?

SEP 28일

어떤 일이든 기꺼이 이성의 지시를
따를 준비가 되어 있는가?

SEP 29일

만약 오늘이 내 인생의 마지막 날이라면,
하루를 어떻게 보낼 것인가?

SEP
30일

영원히 살 수 없는 존재임을 되새기며
매일을 소중히 보내는가?

내일 무슨 일이 일어날지
우리는 결코 알 수 없다.

네 번째 지혜

삶을 깊이 성찰하기

세상은 점점 빠르게 변하고, 삶의 기준은 모호해지고, 새로운 정보는 쏟아져 들어온다. 불확실한 시대일수록 우리에게 필요한 것은 화려한 성공이 아니라 '흔들리지 않는 내면'이다. 우주의 질서, 즉 자신의 본성과 조화를 이룬다면 행복하고 의미 있는 삶으로 나아갈 수 있다. 삶의 목적을 찾고, 참된 스승을 만나고, 평정심을 기르고, 진정한 삶의 가치가 무엇인지 끊임없이 되묻는 자세야말로 고요하고 깊은 삶으로 나아가는 첫걸음이다.

40주

침묵하고 경청하기

　소셜 미디어는 우리에게 침묵하지 말라고 손짓하며 모든 정보에 대한 의견을 가지도록 부추긴다. 세상은 점점 더 시끄러워지고, 우리도 덩달아 소리를 높이며 그 문화에 발맞추려 한다. 그러나 세상의 수많은 말들 속에서 정작 중요한 이야기는 찾기 어렵다.

　불필요한 말을 많이 내뱉은 뒤 우리는 얼마나 자주 후회했는가? 매번 말참견하려고 애쓰는 대신 타인에게 귀를 기울이면 더 많은 것을 배울 수 있다. 빈 수레가 더 요란하다는 말처럼, 겉으로 떠들어대는 사람의 말에는 실속이 없다. 우리의 생각을 글로 옮겨보며 그중 얼마나 많은 생각을 말하지 않고 혼자 간직할 수 있는지 확인해 보자. 말하려는 사람보다는 들어주는 사람이 되어서, 겸손하게 침묵을 실천해 보면 어떨까?

혀로 여행하는 것보다 발로 여행하는 것이 좋다.

-제논, 디오게네스의 강의에서 인용, 탁월한 철학자들의 삶, 7.1.26

제논은 평범하지 않은 말로 수많은 젊은이를 놀라게 하곤 했다. "우리에게 두 개의 귀와 한 개의 입이 있는 이유는 많이 듣고 적게 말하기 위해서다."

-디오게네스의 강의, 탁월한 철학자들의 삶, 7.1.23

카토는 위대한 도시가 나라를 지키는 요소를 갖추는 것처럼, 올바른 정치철학이 중요한 역할을 한다고 믿었다. 그래서 그는 대중의 마음을 움직이기 위해 공적인 연설을 연습했다. 하지만 카토는 대중 앞에서 연설하는 모습을 보여준 적이 없었고, 아무도 그가 연설을 연습하는 것을 들어본 적이 없었다. 사람들이 자신의 침묵을 비난하고 있다는 얘기를 들은 카토는 이렇게 말했다. "내 삶의 가치관을 비난하지 않는 것이 좋을 것이다. 나는 말하는 것이 침묵하는 것보다 좋다는 확신이 들 때에만 말한다."

-플루타르코스, 영웅전, 4

침묵은 삶의 많은 고난으로부터 배울 수 있는 교훈이다.

-세네카, 티에스테스, 309

OCT
1일

경솔하고 과도한 자신감으로
자신을 내세운 적이 있는가?

OCT
2일

지혜가 가장 가치 있는 자산이라면,
지혜를 얻기 위해 얼마나 투자했는가?

OCT
3일

세상의 모든 존재가 서로에게
의존하고 있음을 느끼는가?

OCT
4일

오늘 내 행동은 개인이 아니라
전체에게 좋은 일인가?

OCT
5일

차라리 말하지 않는 편이 나은 말은 무엇인가?

OCT
6일

내 일이 잘 풀리지 않을 경우에도
타인의 성공에 경의를 표할 수 있는가?

OCT
7일

왜 내가 잘못을 저지르면
세상 누구보다 스스로에게 상처가 될까?

타인에게 귀를 기울이면
더 많은 것을 배울 수 있다.

41주

사랑의 묘약을 만드는 법

스토아 철학자는 '심파테이아' 개념을 '자신이 대접받고 싶은 대로 타인을 대접하라'라는 황금률보다 더 중요하게 여겼다. 심파테이아는 우리 모두가 공통의 관심사와 친밀감으로 연결된, 하나의 거대한 유기체의 일부라는 의미다. 다시 말해, '우리는 모두 하나기 때문에 자신을 대접하는 것처럼 타인을 대접하라'라는 뜻이 담겨 있다.

세네카는 사람들과 만날 때마다 그 순간을 친절을 베풀 기회로 여긴다고 말했다. 세네카는 헤카토를 통해 이런 가르침을 배웠다. "자신이 사랑받기를 원할 때 우리가 할 수 있는 유일한 방법은 타인을 사랑하는 것뿐이다." 이번 주는 스스로에게 이런 질문을 던져보자. 우리는 누구에게 사랑을 베풀 수 있는가? 우리는 어떤 친절을 보여줄 수 있는가? 가족과 친구나 타인에게 자신의 감정을 어떻게 표현할 것인가? 또 그들에게 우리가 모두 한 공동체의 일부라는 신념을 어떻게 전할 것인가?

헤카토는 말했다. "나는 당신에게 사랑의 묘약을 만드는 법을 가르쳐주겠다. 거기에는 어떤 약제도, 약초도, 특별한 마법도 사용되지 않는다. 당신이 사랑을 받고 싶다면 사랑을 하라."

-세네카, 도덕에 관한 서한, 9.6

친절은 땅에 묻혀 있는 보물처럼 다루어 오직 필요할 때만 파내야 한다. (…) 자연은 우리에게 모든 사람을 관대하게 대하라고 한다. (…) 인간이 있는 곳이라면 어디서든 친절을 베풀 기회가 있다.

-세네카, 행복한 삶이란, 24.2-3

자연은 우리를 하나의 가족으로 만들었다. 우리가 모두 같은 근원에서 시작하고 같은 끝을 향해 나아가도록 말이다. 또한 자연은 우리에게 서로 사랑할 수 있게 해주고 서로 친구가 될 수 있게 해주었다.

-세네카, 도덕에 관한 서한, 95.52

OCT 8일

작은 발걸음에 만족하고
작은 결과에 감사하며 살고 있는가?

OCT 9일

싫어하는 사람이라도
그로부터 배울 점을 찾을 수 있는가?

OCT
10일

오늘 어떤 선행을 어떻게 발휘할 것인가?

OCT
11일

정직을 삶의 기본적인 가치관으로 삼고 있는가?

OCT
12일

사랑을 받으려 하지 않고 먼저 베풀 수 있는가?

OCT
13일

복수해서 상황이 더 나아진 적이 있는가?

OCT
14일

타인의 무례함에 화를 내지 않고
오히려 도움을 줄 수 있는가?

사람들과 만나는 모든 순간은
친절을 베풀 기회다.

42주

정직은 유일한 삶의 원칙

마르쿠스 아우렐리우스 황제는 모든 인간이 선한 건 아니라고 생각했다. 궁중에서는 자신의 출세를 위해 친구를 배신하는 일은 물론이고 온갖 험담과 탐욕과 속임수가 난무했을 것이다. 마르쿠스는 그중에서 무엇보다 거짓으로 정직을 내세우는 사람을 좋아하지 않았다. 그는 특히 "솔직히 말하자면"이라는 말을 굳이 내뱉는 사람은 평소에 '정직함'을 원칙으로 세우지 않았음을 무심하게 드러낸다고 지적했다.

얼마나 안타까운 일인가? 그런 작은 발언이 무엇을 보여주고 있는지 깊이 생각해 보아야 한다. 그리고 우리가 마땅히 지켜야 할 삶의 기본적인 규범이 거짓 없이 바르고 곧은지를 확인해 보자.

"너를 정직하게 대하기로 결심했어"라고 말하는 사람은 얼마나 부패하고 가식적인가! 친구여, 무슨 속셈이기에 굳이 그렇게 말하는가? 그런 것은 굳이 말로 설명하지 않아도 당신의 이마에 쓰인 듯, 목소리 울림에서 들리고 눈빛의 번뜩임에서 저절로 보여야 한다. 연인들이 상대방의 표정만 얼핏 보아도 그 내면을 다 읽어낼 수 있듯이 말이다. 요컨대 정직하고 선한 사람은 마치 냄새나는 염소처럼, 방 안에 같이 있기만 해도 그 존재감이 드러나야 한다. 계산된 정직함은 비수와 같고, 늑대의 거짓 우정보다 더 가증스러운 것은 없다. 어떤 일이 있더라도 잘못된 우정을 피하라. 선하고 정직한 사람은 눈에서부터 드러나니 그 모든 것이 숨겨질 수가 없다.

-마르쿠스 아우렐리우스, 명상록, 11.15

벗을 사랑하고 벗의 발전을 자신의 일처럼 기뻐하는 것은 자연에 어울리는 행동이다. 그렇게 하지 않는다면 미덕은 우리 안에 더는 머무르지 않을 테니까. 미덕은 우리의 통찰력을 단련함으로써 힘을 드러내는 것이니.

-세네카, 도덕에 관한 서한, 109.15

OCT 15일

나는 의심의 여지가 있더라도
상대의 진심을 믿어주는 사람인가?

OCT 16일

내게 도움이 된 철학의 지혜와 통찰을
타인과 공유할 수 있는가?

OCT
17일

타인에게 어떤 친절을 베풀 수 있는가?

OCT
18일

잘못된 우정과 나쁜 영향력을 피하고 있는가?

OCT 19일

상황의 좋은 점과 나쁜 점을
모두 바라볼 수 있는가?

OCT 20일

내 도덕 원칙을 삶에서 그대로 드러내고 있는가?

OCT 21일

인정받기를 바라지 않고
올바른 일을 할 수 있는가?

정직하고 선한 사람은 방 안에 같이
있기만 해도 그 존재감이 드러나야 한다.

43주

협력은 본성이다

괴롭힘과 우월의식이 지배적인 곳보다 더 나쁜 업무 환경이 있을까? 그런 곳에서는 상급자가 사람들을 복종시키고 규제하는 일이 직무의 일환이라고 생각하는 듯 보인다. 사실 타인을 억누르는 건 엄청난 역효과를 낳는 일이다. 미식축구팀 시애틀 시호크스의 감독 피트 캐럴은 이런 문제를 제기했다. "선수들에게 자신감을 불어넣는 것은 매우 중요한 일인데 감독이 왜 선수들의 자신감을 꺾어버리는 짓을 한단 말인가?"

마르쿠스 아우렐리우스는 황제로서 누구든 마음대로 억누를 힘이 있었으나 거의 그렇게 하지 않았다. 오히려 그는 공동체를 먼저 생각하고, 겸손하며, 늘 준비되어 있고, 타인의 잘못을 너그럽게 받아들이는 삶이 더 낫다고 스스로를 일깨웠다. 우리는 공동체 정신을 바탕으로 서로 협력하기 위해 태어났다. 어떻게 하면 다른 사람의 자존감을 북돋을 수 있는지, 또 그렇게 함으로써 스스로의 자존감을 찾을 수 있는지 깊이 생각해 보자.

경기장에서 상대를 제압하는 데 능숙한 사람이 있다. 하지만 그렇다고 해서 그 사람이 더 공동체를 생각하거나, 더 합리적인 사고를 하거나, 어떤 상황에 더 잘 대비하고 있거나, 타인의 결점을 더 잘 참아내는 것은 아니다.

-마르쿠스 아우렐리우스, 명상록, 7.52

아침에 일이니기 힘들 때마다 본래 다른 사람과 함께 일하는 것이 우리에게 주어진 본성임을 상기하라. (…) 자신의 본성에 부합할 때 우리는 적합함과 만족감을 느낄 수 있다.

-마르쿠스 아우렐리우스, 명상록, 8.12

OCT 22일

더 나은 사람이 되고 있는가,
아니면 허영심을 좇고 있는가?

OCT 23일

나만의 최고의 자질을 세상에 내보이고 있는가?

OCT 24일

나의 내면에서 선함을 찾을 수 있는가?
그 선함을 어떻게 드러낼 것인가?

OCT 25일

허락된 삶의 시간 안에
무엇을 하는 것이 나에게 최선인가?

OCT 26일

내가 추구하는 철학적 삶의 목표는
공동체에게 도덕적이고 합리적인가?

OCT 27일

내가 저지른 나쁜 행동이
고스란히 되돌아온 적이 있는가?

OCT 28일

누군가의 모범이 되기 위해
나는 무엇을 할 수 있는가?

우리는 서로 협력하기 위해 태어났다.

44주

평온을 비는 기도

미국의 신학자 라인홀드 니부어의 〈평온을 비는 기도〉는 많은 사람에게 알려진 유명한 기도문이다. "바꿀 수 없는 것은 받아들이는 평온을, 바꿀 수 있는 것은 바꾸는 용기를, 또한 이 두 가지를 분별할 수 있는 지혜를 주소서."

스토아 철학자들은 통제할 수 없는 것들을 기꺼이 받아들이려는 원칙을 실천하려고 했다. 그들은 세상에 일어나는 일을 있는 그대로 받아들이고 감사하며 행복하게 살기를 원했다. 에픽테토스는 우리가 욕심내는 일이 생기도록 바라는 대신, 우리에게 생기는 일을 그저 받아들일 때 평온하고 행복한 삶을 얻는다고 가르쳤다. 그리고 마르쿠스 아우렐리우스는 우리에게 찾아오는 모든 일을 감사하는 마음으로 대해야 한다고 충고했다. 예컨대 "이 일이 바뀌었으면 좋겠지만 그냥 참을게요"가 아니라 "이런 일이 생겨서 기쁘네요. 최선의 결과예요"가 되어야 한다는 의미다. 이와 같이 자신에게 찾아오는 일들이 있는 그대로 받아들일 수 있는 일인지 생각해 보는 시간을 가져보자.

세상에서 일어나는 일이 당신이 바라는 대로 일어나기를 기대하지 말고, 오히려 일어나는 일 그 자체를 바라라. 그러면 행복한 삶을 살 수 있을 것이다.

-에픽테토스, 엥케이리디온, 8

진정한 교육은 각각의 일들이 있는 그대로 이루어지기를 바라는 법을 배우는 과정이다.

-에픽테토스, 대화록, 1.12.15

우리에게 필요한 건 지금 이 순간의 판단이 올바르고, 지금 이 순간의 행동이 공동선을 향하며, 다가오는 모든 일에 대해 지금 이 순간의 마음이 감사하는 태도다. 그것만으로도 충분하다.

-마르쿠스 아우렐리우스, 명상록, 9.6

OCT 29일 어떻게 하면 인격을 조금 더 성장시킬 수 있을까?

OCT 30일 삶을 되돌아보는 데에 시간을 얼마나 쓰고 있는가?

OCT
31일

오늘 나는 어떤 선행을 실천했는가?

NOV
1일

오늘 일어나는 모든 일을
기꺼이 사랑할 수 있을까?

NOV 2일   내가 선택한 일의 결과를 담담히 받아들일 수 있는가?

NOV 3일   삶이 주는 고난을 기꺼이 따를 수 있는가?

NOV 4일

모든 상황을 이득이냐 손해냐로
판단하는 태도를 멈출 수 있는가?

우리에게 찾아오는 모든 일을
감사하는 마음으로 대해야 한다.

45주

뼛속에 깃든 힘

　이 세상에는 일시적인 힘이 있고 참된 힘이 있다. 일시적인 힘은 곧 사라지지만, 참된 힘은 우리 마음과 뼛속에 깃들어 있다. 일시적인 힘은 부나 명예, 지위처럼 남을 지배하는 힘을 말한다. 그러나 스토아 철학자는 이런 일시적인 힘이 사람들 각자가 소유하고 있는 참된 힘보다 하찮다고 여겼다.
　참된 힘은 사물의 진정한 가치를 분별하고 이성적으로 판단하며 선택하는, 이성에 자리 잡은 정신적 힘이다. 우리는 모두 두 가지 힘을 갖고 있다. 그러나 스토아 철학자가 중요하게 여기는 참된 힘을 일시적인 힘보다 우선시해야 한다는 사실을 깊이 새겨두자.

삶의 모든 면이 개인의 신성한 마음과 우주의 섭리 사이의 조화에 맞춰질 때, 행복한 사람의 덕이자 풍요로운 삶의 미덕이 생겨난다.

-크리시포스, 디오게네스의 강의에서 인용, 탁월한 철학자들의 삶, 7.1.88

당신이 가진 명성, 돈과 지위를 신뢰하지 말고, 오직 당신의 내적인 힘을 신뢰하라. 통제할 수 있는 것과 통제할 수 없는 것에 대한 자신의 판단을 신뢰하라. 이것만이 우리를 속박에서 벗어나 자유롭게 한다. 이것만이 우리를 깊은 수렁에서 건져주고 부유하고 권력을 가진 자들에 맞설 수 있게 한다.

-에픽테토스, 대화록, 3.26.34-35

이제는 깨달아야 한다. 꼭두각시처럼 나를 끌고 다니는 육신의 욕망보다 훨씬 더 강력하고 신성한 무언가가 내 안에 있다는 사실을. 지금 내 마음을 가득 채우고 있는 생각은 무엇인가? 두려움인가, 의심인가, 욕망인가, 아니면 그 비슷한 어떤 것인가?

-마르쿠스 아우렐리우스, 명상록, 12.19

NOV
5일

참된 힘을 발휘하여
행복한 삶을 이뤄내고 있는가?

NOV
6일

예상치 못한 일들을
받아들일 준비가 되어 있는가?

NOV
7일

자신을 통제하려고 노력하는가,
타인을 통제하려고 노력하는가?

NOV
8일

삶에서 내 역할은 무엇이며,
그 역할을 잘 수행하고 있는가?

NOV 9일

끊임없는 변화 속에서
나를 흔들림 없이 이끌어줄 원칙은 무엇일까?

NOV 10일

이 땅의 단기체류자인 우리가 사라진 후
끝내 무엇이 남아 있을까?

NOV
11일

오늘 내가 바로잡을 수 있는
잘못된 판단은 무엇일까?

참된 힘은 우리 마음과 뼛속에 깃들어 있다.

46주

타인이 아닌, 자신을 평가하라

똑똑한 체하는 사람만큼 철학적 사유와 거리가 멀고 지혜롭지 못한 이들도 없다. 특히 자신의 식견을 과시하면서 타인의 실수를 꾸짖는 데 지식을 이용하는 사람은 더욱이 그러하다. 스토아 철학자는 그것이 철학의 진정한 목적을 놓치고 있는 행동이라고 충고했다. 철학의 목적은 타인을 깎아내리기 위한 공격의 수단이 아니라, 자신을 바로잡고 자신의 영혼을 치유하는 역할을 하는 데 있다.

세네카는 자신의 허물을 벗겨내기 위해 철학을 이용해야 한다고 가르친다. 그의 말처럼 우리는 '철학의 근본 원칙에 주의를 기울임으로써' 자신을 살펴보아야 한다. 이후 에픽테토스가 언급했던 것처럼, 철학자의 강의실은 자신의 영혼을 치료하기 위한 병원이다. 이와 같이 타인의 실수를 불평하거나 평가하지 말고 자신의 허물을 벗겨내는 데에 노력을 집중하면 어떨까?

오만하게 휘둘리고 완고하게 사용될 때, 철학은 파멸의 원인이 된다. 철학은 타인의 허물을 비난하는 도구가 아니라 자신의 허물을 벗겨내는 도구여야 한다.

-세네카, 도덕에 관한 서한, 103.4b-5a

비범한 지성을 지닌 어떤 이들은 미덕을 금세 이해하고 내면에서 스스로 미덕을 길러낸다. 하지만 둔하고 나태한 이들은 잘못된 습관에 발목 잡혀 녹이 슨 자신의 영혼을 끊임없이 닦아내야만 한다. (…) 이런 나약한 자들은 철학의 근본 원칙을 따르면 그릇된 생각에서 벗어나도록 도움을 받고 일어설 수 있을 것이다.

-세네카, 도덕에 관한 서한, 95.36-37

젊은이들이여, 철학자의 강의실은 병원이다. 이곳에서는 즐거운 감정이 아니라 고통과 함께 들어와 고통과 함께 나가야만 한다. 여기에 들어올 때 이미 병들어 있기 때문이다.

-에픽테토스, 대화록, 3.23.30

NOV
12일

책임을 전가하지 않고
스스로 책임을 지는 사람이 될 수 있는가?

NOV
13일

불평하는 것으로 무언가를 달성할 수 있는가?

NOV
14일

내가 겪는 시련에 부정적인 사고를 보탤 것인가,
긍정적인 사고를 보탤 것인가?

NOV
15일

변화의 흐름을 기꺼이 받아들일 수 있는가?

NOV 16일

오늘의 역경을 어떻게 이점으로 바꿀 수 있는가?

NOV 17일

과연 나는 타인의 잘못을 평가할 자격이 있는가?

NOV
18일

주어진 것을 받아들이는
스토아 철학의 습관을 실천하고 있는가?

철학자의 강의실은
영혼을 치료하기 위한 병원이다.

47주

잃는 연습

우리는 아끼는 것을 잃으면 괴로워한다. 특히 사랑하는 사람을 잃을 때 가장 큰 고통을 겪는다. 이 고통은 삶을 살아가면서 피할 수 없는 자연스러운 일이다. 스토아 철학자는 사랑하는 사람을 잃어서 느끼는 극심한 고통이 우리가 그 상대를 소유하고 있다는 믿음과 마치 그들이 '나의 일부'라고 여기는 확신 때문에 더욱 커진다고 말한다. 하지만 이런 믿음과 확신은 그 대상에 대한 진정한 사랑이나 관심이 아니다. 오히려 우리가 아무것도 통제할 수 없다는 단순한 사실을 외면하는 집착일 뿐이다. 자신의 신체도 통제할 수 없는데 하물며 사랑하는 사람에게 벌어질 일을 어찌 통제할 수 있겠는가.

에픽테토스는 이에 대한 강렬한 실천법을 가르쳤다. 소중한 가족이나 친구가 건강하고 편안하기를 바랄 때마다 그들이 깨지기 쉬운 귀한 유리와 같다는 사실을 잊지 말라고 일깨웠다. 하룻밤 사이에 예상치 못한 일이 생겨날 수도 있다는 것을 새겨두라는 의미다. 마르쿠스 아우렐리우스도 밤새 가족의 안녕을 바라면서 언제든 상황이 극적으로 변할 수 있음을 명심하려고 했다. 중요한 것은 사랑하는 대상에 집착하지 않고 그 존재에 대한 감사와 겸손의 마음을 갖는 일이다. 사랑하는 사람을 비롯한 그 어떤 존재도 당연하게 여기지 않도록 노력해 보면 어떨까?

상실의 고통을 겪을 때마다 자신의 일부를 잃는 듯 여기지 말라. 사랑하는 사람을 언제든 깨질 수 있는 유리와 같다고 생각하라. 그걸 명심한다면 고통스럽지 않을 것이다. 당신이 자녀나 형제자매, 혹은 친구에게 입맞춤할 때마다 그 순간에 온갖 바람과 기대를 덧붙이지 않도록 하라. 전쟁에서 대승을 거둔 장군도 언젠가 죽을 운명인 것처럼 당신이 소중히 여기는 그 어떤 존재도 영원할 수 없음을 기억해야 한다. 그저 잠깐 주어질 뿐, 우리가 영원히 소유할 수 있는 것은 없다.

-에픽테토스, 대화록, 3.24.84-86a

현명한 사람은 아무것도 잃지 않을 수 있다. 그런 사람은 모든 것을 운명에 맡기지 않고 자신의 내면에 쌓아둔다. 그들은 자신의 선함을 굳건한 미덕으로 삼고 우연에 의지하지 않는다. 그러므로 그 무엇도 그들의 덕을 더하거나 덜어내지 못한다.

-세네카, 현자들의 부동심, 5.4

NOV
19일

예상하지 못한 상황이 일어나도
받아들이고 잘 이겨낼 수 있을까?

NOV
20일

과거에도, 현재에도, 미래에도
'지금 이 순간'이 있음을 알고 있는가?

NOV 21일

어떻게 하면 지금 이 순간에 만족할 수 있는가?

NOV 22일

나는 왜 상실에 대해
비이성적인 두려움을 느끼는가?

NOV
23일

상황에 잘 대처하거나 적응하도록
이성적 판단을 내릴 수 있는가?

NOV
24일

사랑하는 상대를 집착이 아닌,
감사의 마음으로 바라볼 수 있는가?

NOV
25일

조금 더 버리고 비우는 삶을 보낼 수 있는가?

중요한 것은 존재에 대한
감사와 겸손의 마음을 갖는 일이다.

48주

자신의 기준으로 검증하기

　에픽테토스의 핵심 가르침 중 하나는 우리가 경험하거나 인식하는 요소, 눈앞에 펼쳐지는 상황 등 우리가 외부에서 받아들이는 모든 인상을 검증하는 것이었다. 그는 이런 실천을 강조하기 위해 주요 동사인 '검증하다'라는 말을 그의 저서에서 열한 번 사용했다. 이 단어에는 귀금속의 순도를 확인하거나 동전의 진위를 감별하는 사람, 즉 '감정인'이라는 의미가 담겨 있다. 에픽테토스는 이와 관련해 인상적인 비유 하나를 남겼다. 그는 숙련된 상인이 탁자 위에 떨어진 동전의 울림 소리를 듣고 진짜인지 가짜인지 판별하는 일처럼 우리가 외부에서 받은 인상을 시험할 필요가 있다고 말했다. 마치 음악가가 음 이탈을 듣자마자 단번에 알아차리는 것과도 같다.

　이번 주에는 외부에서 받아들이는 모든 것을 스스로 검증하는 습관을 들여보면 어떨까? 마치 그것들이 모두 거짓이거나 왜곡된 것이라 가정하고, 그 진실성을 스스로 증명할 수 있을 때까지 무엇도 믿지 말아보자. 이것이 바로 철학자가 삶을 살아가는 태도다.

우리는 돈에 대해서라면 분명 관심이 있다. 또 여러 방법을 사용하여 그 가치를 알아내는 기술을 갖고 있다. (…) 우리는 자신에게 해가 되는 것을 판단하는 데 세심한 주의를 기울이면서도 정작 자신의 이성적 판단 원칙에 관해서는 하품을 해대며 졸기 일쑤다. 눈앞을 스치는 어떤 인상이라도 그저 받아들이고, 그 대가가 무엇인지조차 따지지 않는다.

-에픽테투스, 대화록, 1,20,8;11

인상의 힘에 휩쓸리지 않도록 하라. 그럴 때 자신에게 이렇게 말하라. "잠시만 참고 그가 누구인지, 어디에서 왔는지를 알아보아야 한다. 그를 시험해 보아야 한다."

-에픽테토스, 대화록, 2.18.24

마음을 어지럽히는 인상이 떠오를 때는 늘 이렇게 말할 수 있도록 하라. "이렇게 보일 뿐이지 진짜가 아니야." 그런 다음에 우리의 원칙에 따라 그 인상을 검증하라. 우리가 통제할 수 있는 것인지 통제할 수 없는 것인지 확인하라. 후자라면 자신에게 이렇게 말하라. "나와 상관이 없는 일이야."

-에픽테토스, 엥케이리디온, 1.5

NOV
26일

인식한 것을 스스로 검증할 수 있는가?
그렇다면 무엇을 깨닫게 될까?

NOV
27일

나는 왜 스스로 내린 판단으로
혼란스러워하고 고통스러워하는가?

NOV 28일

이미 알고 있다고 생각하지 않고
무언가를 새로이 배우고 있는가?

NOV 29일

나는 '명예'나 '부'를 거절할 능력이 있는가?

NOV 30일

많이 가질수록 문제고
적게 가질수록 좋다는 말은 어떤 의미일까?

DEC 1일

외면적인 삶보다 내면적인 삶에서
의미와 행복을 찾고 있는가?

DEC 2일

나는 인생의 대가를 지불할 준비가 되어 있는가?

인상의 힘에 휩쓸리지 않도록 하라.

49주

시간의 구두쇠 되기

흔히 듣는 격언 중 하나는 '인생은 짧다'라는 말이다. 정말 그렇다. 그러나 세네카가 말했듯이, 우리가 시간을 적절히 사용할 수 있다면 인생은 충분히 길다. 그 첫걸음은 무엇일까? 내 시간을 함부로 타인에게 순순히 넘기지 않는 일이다.

시간의 지독한 구두쇠가 되는 태도는, 다시 돌아오지 않는 시간이라는 자원을 낭비하지 않도록 지켜주는 강력한 방법이다. 우리 삶에서 타당한 목적 없이 시간을 잡아먹는 것은 무엇인가? 어떤 쾌락이나 욕망이 아무런 보람도 없이 우리의 시간을 삼켜버리는가? 어디에 시간을 허비하고 있는지를 살펴보고, 반드시 무언가를 바꿔보자. 인생은 짧다. 허비할 시간이 많지 않다는 것을 기억해야 한다.

역사 속 모든 천재가 인간의 어리석음과 어두움이라는 주제에 매달린다 해도, 다 설명해 내지 못할 것이다. 누구도 자신의 재산을 남에게 조금이라도 내주려 하지 않고, 이웃과의 작은 논쟁 하나에도 큰 대가를 치를 각오를 한다. 하지만 정작 우리는 타인이 우리의 삶에 너무 쉽게 침범하게 내버려두고, 더 나아가 아예 그 길을 스스로 열어주기까지 한다. 지나가는 사람에게 자기 돈을 건네주는 사람은 없다. 하지만 얼마나 많은 이가 자기 삶을 타인의 손에 순순히 넘기는가? 우리는 재산과 돈에 인색하게 굴면서 타인이 자신의 삶을 허비하는 일에는 한없이 너그럽다. 오히려 우리는 지독한 시간의 구두쇠가 되어야 한다.

-세네카, 삶의 덧없음에 대해, 3.1-2

인생은 결코 짧지 않다. 문제는 그 소중한 시간을 우리가 너무 많이 낭비한다는 데 있다. 인생은 충분히 길고, 제대로 쓴다면 많은 위대한 일을 이뤄낼 만큼 시간이 넉넉하다. 하지만 사치와 무관심에 빠져 시간을 허투루 흘려보내고 쓸모없는 데 쓰다 보면, 그것을 인식하기도 전에 삶은 다 흘러가 버린다. 우리에게 짧은 삶이 주어진 것이 아니라 우리 스스로 삶을 짧게 만들었을 뿐이다.

-세네카, 삶의 덧없음에 대해, 1.3-4a

DEC 3일

값진 자산인 시간을 소중히 지키고 있는가?

DEC 4일

일에만 몰두하느라 내면을 돌보는 삶을 소홀히 하고 있지는 않은가?

DEC 5일

내가 기꺼이 직면해 바꿀 수 있는
불편한 생각은 무엇일까?

DEC 6일

지금 이 순간을 살기 위해
내가 할 수 있는 일은 무엇일까?

DEC 7일

운명이 내게 안겨준 상황을
기꺼이 사랑할 수 있을까?

DEC 8일

죽는 날까지 내 마음을 채워줄 수 있는 것은 무엇인가?

DEC
9일

거절해야 하는 일을 제대로 거절하고 있는가?

우리에게 짧은 삶이 주어진 것이 아니라
우리 스스로 삶을 짧게 만들었을 뿐이다.

50주

참된 스승의 중요성

　입양은 고대 로마 사회에서 널리 행해지던 관습이었다. 특히 원로원 계급에서 보편적이었으며, 왕위 계승의 조항으로도 통용되는 일이었다. 마르쿠스 아우렐리우스는 로마 제국의 15대 황제 안토니누스 피우스의 양자였다. 또한 안토니누스 피우스도 마르쿠스에게 언젠가 왕위를 이어준다는 조건으로 하드리아누스 황제의 양자가 되었다. 세네카는 입양되지 않았지만, 그의 동생 노바투스는 한 부유한 후견인의 양자가 되면서 갈리오로 개명했다. 이 갈리오 총독이 신약성서에 등장하는, 성 바울에 대한 고소 사건을 기각한 인물이다.

　이런 입양 현상을 전혀 다른 관점에서 바라본 세네카는 우리가 자신의 정신적인 조상을 선택할 수 있다고 말했다. 그가 늘 마음속으로 존경했던 정신적인 조상은 소 카토였다. 소 카토는 로마 공화정을 지키기 위해 율리우스 카이사르에 맞선 훌륭하고 의연했던 스토아 철학자였다. 마르쿠스 아우렐리우스가 저술한 『명상록』의 첫 번째 책에는 마르쿠스가 살아가면서 배움을 얻고 본보기로 삼은 사람들과 여러 교훈 목록이 수록되어 있다. 우리도 이들처럼 본보기로 삼고 따를 수 있는, 현명하고 존경스러운 참된 스승은 누구이며 어떻게 하면 찾을 수 있는지 생각해 보자.

흔히 부모는 선택할 수 있는 존재가 아니며, 운명처럼 맺어지는 것이라고 한다. 하지만 우리는 진정으로 누구의 자식이 될지를 선택할 수 있다.

-세네카, 삶의 덧없음에 대해, 15.3a

대부분의 죄는 우리가 잘못을 저지르려 할 때, 목격자가 있다면 막을 수 있다. 그 목격자는 우리가 존경할 수 있는 사람이면 된다. 그런 본받을 만한 사람은 우리 내면에서 침범할 수 없는 성소가 된다. 함께 있을 때뿐만 아니라 생각하는 것만으로도 타인을 바로 세울 수 있는 사람이라면 얼마나 행복한 사람이겠는가!

-세네카, 도덕에 관한 서한, 11.9

DEC 10일

본보기로 삼는 참된 스승은 누구인가?

DEC 11일

누군가에게 절대 의존하지 않고
삶의 난관을 헤쳐나갈 수 있는가?

DEC 12일

나에게 가장 필요한 스토아 철학의
가르침은 무엇인가?

DEC 13일

이 철학을 통해 해결하고 있는
현실의 문제는 무엇인가?

DEC 14일

매사에 인내심을 갖고 해나간다면,
무엇을 성취할 수 있는가?

DEC 15일

험한 길을 걸어야 할 때
그 길을 고수할 것인가, 벗어날 것인가?

DEC 16일

끝까지 파고들어 결국 뜻을 관철한
누군가를 보며 의지를 다진 적이 있는가?

본받을 만한 사람은 우리 내면에서
침범할 수 없는 성소가 된다.

51주

자신만의 지혜 축적하기

　우리는 위대한 작가나 존경하는 지도자가 남긴 명언을 모으길 좋아한다. 그런 명언은 인생길에서 우리에게 방향과 용기를 주는 삶의 주문이 되곤 한다. 그러나 세네카가 충고했듯이 진리는 독점할 수 없으며, 모두에게 열려 있다. 배우고 실천하고 훈련한 내용을 바탕으로 자신만의 지혜를 만들어내고, 스스로의 길을 선언해야 한다. 이것이 바로 이 책이 담고 있는 핵심이다. 다시 말해 스토아 철학의 지혜를 되새기고 거기에 나만의 깨달음을 덧붙이는 것이다.

　세네카는 우리에게 스스로 길을 개척하고, 주도적으로 자신만의 지혜를 축적하라고 했다. 이제 우리도 어떻게 하면 살면서 배우고 연습하고 단련하여 얻은 나만의 통찰력이나 지혜를 쌓을 수 있는지 생각해보자. 스토아 철학에서 얻은 영감이 당신만의 삶의 원칙과 가치, 새로운 관점을 만들어내길 바란다.

나이가 들었거나 노년에 가까운 어떤 사람이 손에 쥔 지식이 고작 공책에 적힌 것, 즉 다른 사람의 비망록에서 빌려 온 것뿐이라면 그것만큼 부끄러운 일은 없다. '제논이 이렇게 말했다!' 거기에 당신은 뭐라고 말하겠는가? '클레안테스는 이렇게 말했다!' 거기에 당신은 또 어떻게 답할 것인가? 언제까지 남의 생각에만 매달릴 것인가? 이제는 스스로 주인이 되어 자신만의 목소리를 세워야 한다. 후대가 공책에 새겨둘 만한 당신만의 지혜를.

-세네카, 도덕에 관한 서한, 33.7

당신은 선조들이 걸어간 발자취만 그대로 따르려 하는가? 나도 분명히 오래된 길을 이용하겠지만, 더 가깝고 평탄한 길을 찾게 된다면 그곳으로 새 길을 개척해 나갈 것이다. 우리보다 앞서 길을 연 자는 우리의 주인이 아니라 안내자다. 진리는 독점할 수 없으며 모두에게 열려 있다.

-세네카, 도덕에 관한 서한, 33.11

어떤 일을 할 때는 마지못해, 독단적으로, 불성실하게 행동하지 말라. 생각을 번지르한 언어로 꾸미지 말라. 쓸데없이 말이 많고 일만 벌이는 사람이 되지 말라. (…) 늘 쾌활함을 잃지 말라. 남의 도움이나 위로에 의존하려 하지 말라. 사람은 누군가에게 기대어 서지 말고 오직 자신의 힘으로 서야 한다.

-마르쿠스 아우렐리우스, 명상록, 3.5

DEC 17일

나는 과연 자신을 얼마나 깊게 이해하고 있을까?

DEC 18일

누구나 죽음을 맞이한다는 사실을 되새기며
내 삶에 더욱 몰입할 수 있는가?

DEC 19일

삶의 원칙대로 좌절하지 않고
계속 앞으로 나아가고 있는가?

DEC 20일

나는 무엇을 그토록 두려워하고 있는가?

DEC 21일

오늘을 최대한 활용하기 위해 무엇을 할 것인가?

DEC 22일

오늘 나는 어떤 새로운 지혜를 발견할 수 있을까?

DEC
23일

자신이 얼마나 끈기 있고
강인한 존재인지 알고 있는가?

누군가에게 기대어 서지 말고
오직 자신의 힘으로 서야 한다.

52주

오직 행동으로 말하라

마르쿠스 아우렐리우스는 명상록을 쓰는 데 많은 시간을 쏟았지만, 그 글에서 그는 스스로에게 그 비망록을 버리고 다시는 읽지 말라고 다짐하고 있다. 이유는 무엇이었을까? 그 기록이 당장 해야 할 본질적인 과업을 미루는 변명이 되는 일을 원치 않았기 때문이었다.

스토아 철학이라는 삶의 기술은 선한 사람이 되려는 우리의 노력 속에서만 빛을 발한다. 그것이 이 책의 목표라는 점을 잊어서는 안 된다. 이 책은 멋진 생각으로 빈칸을 채우기 위한 것이 아니다. 그 생각을 행동으로 옮기는 영감을 주기 위해 존재한다. 이렇게 우리는 올해를 완벽하게 마무리할 수 있다. 그리고 무엇보다 스토아 철학의 궁극적인 이 가르침을 마음 깊이 새기자. "자신을 구하기 위해 지금 바로 행동하라!"

더는 방황하지 말라. 자신의 비망록이나 고대의 역사책이나 나이 들어 즐기려고 모아둔 여러 선집을 읽을 시간도 주어지지 않을 것이다. 삶의 진정한 목적에 온 힘을 쏟아라. 헛된 희망은 다 내던지고 자신을 구원하기 위해 적극적으로 움직여라. 정말로 자신을 돌보고 싶다면 말이다. 그리고 할 수 있을 때 바로 행하라.

-마르쿠스 아우렐리우스, 명상록, 3.14

이리저리 방황했던 그 여정이야말로 당신이 어디서도 삶의 기술을 찾지 못했다는 증거다. 논리에도, 부나 명예에도, 그 어떤 쾌락에도 없다. 그렇다면 삶의 기술은 어디에 있는가? 인간 본성이 요구하는 일에 맞추어 실천하는 데에 있다. 그럼 어떻게 실천할 것인가? 원칙이 욕망과 행동의 근원이 되도록 해야 한다. 그 원칙은 무엇에 관한 것인가? 이는 선과 악에 관한 원칙들이다. 정의롭고 절제하고 용감하고 자유로운 인간을 만들어주는 원칙만이 인간에게 선하고, 그를 무너뜨리는 것이 악이라는 믿음을 가져야 한다.

-마르쿠스 아우렐리우스, 명상록, 8.1.(5)

철학 공부와 독서는 모두 행복한 삶을 살아가기 위한 일이어야 한다. 우리는 삶에 도움이 되는 가르침과 진솔하고 고귀하고 용기 있는 말을 따라야 한다. 그리고 무엇보다 그 말을 실천으로 옮기는 방식을 배워야 한다.

-세네카, 도덕에 관한 서한, 108.35

DEC 24일

재미와 쾌락이 아닌 미덕을
더 행할 수 있는가?

DEC 25일

나쁜 습관을 몰아내기 위해
어떤 좋은 습관을 사용할 것인가?

DEC 26일

나는 어떤 일에 삶을 헛되이 낭비하고 있을까?

DEC 27일

나는 육체보다 영혼이 더 단단하고 강한가?

DEC 28일

누군가에게 기억되기를 바라는가?
내 삶의 기억에 만족하는가?

DEC 29일

무엇에 감사하며 살고 있는가?

DEC 30일

통제할 수 없는 미래에 대한 갈망과
두려움을 멈추는 것이 가능한가?

DEC 31일

어떻게 하면 말을 행동으로 옮길 수 있을까?

나가는 말

스토아철학을 더 알고 싶다면

『데일리 필로소피』가 독자가 원하는 대로 여러 번 되풀이하여 읽을 수 있는 책이라면 이 책은 『데일리 필로소피』와 함께 보면 한층 좋은 내용으로 구성되어 있다. 독자들은 스토아 철학에 대해 좀 더 많은 주제와 읽을거리를 찾을 수 있다. 특히 이 책을 읽는 독자들이라면 더욱 그럴 것이다. 다음에 제시된 자료들은 그런 독자들에게 도움이 될 만한 스토아 철학에 관한 정보들이다.

첫째, 나는 데일리스토익닷컴(DailyStoic.com)에서 독자들에게 날마다 스토아 철학의 지혜를 이메일 뉴스레터로 무료로 제공하고 있다. 구독을 원한다면 데일리스토익닷컴에 가입하면 된다. 둘째, 스토아 철학에 관한 고전이나 현대의 자료를 찾는다면 다음에 나오는 서적을 참고하길 바란다.

- 마르쿠스 아우렐리우스의 『명상록』.

- 세네카의 『스토아 철학자의 편지(Letters of a Stoic)』(Penguin Books, 1969). 팀 페리스가 무료로 출간한 오디오북 버전도 있다.

- 에픽테토스의 『대화록 및 선집(Discourses and Selected Writings of Epictetus)』(Penguin Books, 2008).

- 피에르 아도의 『명상록 수업』(마르쿠스 아우렐리우스의 철학과 그가 쌓은 내면의 성채에 대해 깊이 빠져들게 하는 훌륭한 책이다).

- 푸블릴리우스 시루스의 『로마의 노예 출신 푸블릴리우스 시루스의 금언집(The Moral Sayings of Publilius Syrus: A Roman Slave)』(또 한 명의 노예 출신 철학자인 푸블릴리우스 시루스의 간결한 경구로, 이를 통해 날마다 성찰할 수 있을 것이다).

스토아 철학의 지혜, 실천, 목적에 대해 더 많이 알고 싶다면 다음의 자료를 참고하면 된다.

- 피에르 아도의 『삶의 방식으로서의 철학(Philosophy as a Way of Life)』(Wiley-Blackwell, 1995년) 중에서 3장.

- 리처드 소라브지의 『감정과 마음의 평화(Emotion and Peace of Mind)』(Oxford University Press, 2000년) 중에서 15~16장

- 도널드 로버트슨의 『인지행동치료의 철학(The Philosophy of Cognitive Behavioural Therapy)』(Karnac Books, 2010년) 중에서 2부, 또는 그의 또 다른 탁월한 저서 『스토아 철학과 행복의 기술(Stoicism and the Art of Happiness)』(Hodder & Stoughton, 2013년).

- 마시모 피글리우치의 『그리고 나는 스토아주의자가 되었다』 중에서 3부.

그 외에도 스토아 철학에 관한 책을 더욱 폭넓게 읽고 싶다면 다음에 나오는 목록을 참고하면 된다. 이 목록은 dailystoic.com/books-on-stoicism에서

수정 및 추가 작업을 계속 진행하고 있다.

- 제임스 B. 스톡데일의 『포화 속 용기(Courage Under Fire)』(Hoover Institution Press, 1993년).

- 제임스 롬의 『매일 죽다(Dying Every Day)』(Vintage, 2014년).

- 로브 굿맨과 지미 소니의 『로마의 마지막 시민(Rome's Last Citizen)』(St. Martin's Griffin, 2014년).

- 톰 울프의 『어느 남자의 완전한 삶(A Man in Full)』(Dial Press, 2001년).

- 윌리엄 B. 어빈의 『좋은 삶을 위한 안내서』.

- 알랭 드 보통의 『철학의 위안』.

- 나심 니콜라스 탈레브의 『안티프래질』.

- 제임스 밀러의 『성찰하는 삶』.

- 낸시 셔먼의 『스토아 전사(Stoic Warriors)』(Oxford University Press, 2007년).

- 존 셀라의 『스토아 철학(Stoicism)』(University of California Press, 2006년).

- 로버트 샤플스의 『스토아 학파, 에피쿠로스 학파, 회의 학파(Stoics, Epicureans and Sceptics)』(Routledge, 1996년).

- 마크 A. 홀로책의 『스토아 학파(The Stoics)』(Bloomsbury Academic, 2008년).

- 해리 샌드바크의 『스토아 학파(The Stoics)』(Hackett Publishing Company, Inc., 1994년).

- 마거릿 그레이버의 『스토아 철학과 감정(Stoicism and Emotion)』(University of Chicago Press, 2009년).

- 브래드 인우드의 『케임브리지 철학 시리즈-스토아 철학(The Cambridge Companion to the Stoics)』(Cambridge University Press, 2003년).

- 로널드 피스의 『모든 것에는 두 개의 손잡이가 있다(Everything Has Two Handles)』(Hamilton Books, 2008년).

- 줄스 에번스의 『삶을 사랑하는 기술』.

- 로런스 C. 베커의 『새로운 스토아 철학(A New Stoicism)』(Princeton University Press, 2017년).

- 에밀리 윌슨의 『위대한 제국(The Greatest Empire)』(Oxford University Press, 2014년).

옮긴이 이경희

고려대학교 대학원에서 영어번역학을 전공하고 글밥 아카데미에서 출판번역 과정을 마친 후, 현재 바른번역 소속 번역가로 활동하고 있다. 옮긴 책으로는 『정의 수업』, 『DK 지도로 보는 세계사』, 『소크라테스 카페』, 『인생이 막막할 땐 스토아철학』, 『발견자들 1, 2, 3』, 『상실을 이겨내는 기술』, 『철학의 책』, 『심리의 책』 등이 있다.

오늘의 지혜를 위한 철학 문답 365
데일리 필로소피 Q&A

초판 1쇄 인쇄 2025년 11월 11일
초판 1쇄 발행 2025년 11월 28일

지은이 라이언 홀리데이 · 스티븐 핸슬먼
옮긴이 이경희
펴낸이 김선식

부사장 김은영
책임기획 옥다애 **책임편집** 옥다애 **책임마케터** 오서영
콘텐츠사업4팀장 임소연 **콘텐츠사업4팀** 박윤아, 김민경, 옥다애, 최유진
마케팅사업2팀 오서영 **홍보2팀** 정세림, 고나연
브랜드사업본부 정명찬
브랜드홍보팀 오수미, 서가을, 박장미, 박주현 **영상홍보팀** 이수인, 염아라, 이지연, 노경은
저작권팀 성민경, 이슬, 윤제희 **편집관리팀** 조세현, 김호주, 백설희
재무관리팀 하미선, 임혜정, 이슬기, 김주영, 오지수
인사총무팀 강미숙, 김혜진, 이정환, 황종원
제작관리팀 이소현, 김소영, 김진경, 유미애, 이지우, 황인우
물류관리팀 김형기, 김선진, 주정훈, 양문현, 채원석, 박재연, 이준희, 문명식

펴낸곳 다산북스 **출판등록** 2005년 12월 23일 제313-2005-00277호
주소 경기도 파주시 회동길 490 다산북스 파주사옥 3층
전화 02-702-1724 **팩스** 02-703-2219 **이메일** dasanbooks@dasanbooks.com
홈페이지 www.dasanbooks.com **블로그** blog.naver.com/dasan_books
용지 신승NC **인쇄** 민언프린텍 **코팅 및 후가공** 평창피앤지 **제본** 국일문화사

ISBN 979-11-306-7023-2 (03190)

· 책값은 뒤표지에 있습니다.
· 파본은 구입하신 서점에서 교환해드립니다.
· 이 책은 저작권법에 의하여 보호를 받는 저작물이므로 무단 전재와 복제를 금합니다.

> 다산북스(DASANBOOKS)는 책에 관한 독자 여러분의 아이디어와 원고를 기쁜 마음으로 기다리고 있습니다.
> 출간을 원하는 분은 다산북스 홈페이지 '원고 투고' 항목에 출간 기획서와 원고 샘플 등을 보내주세요.
> 머뭇거리지 말고 문을 두드리세요.